zukunftsInstitut

THERESA SCHLEICHER

RETAILREPORT 2020

IMPRESSUM

Herausgeber
Zukunftsinstitut GmbH
Kaiserstr. 53
60329 Frankfurt
Tel. + 49 69 2648489-0, Fax: -20
info@zukunftsinstitut.de

Geschäftsführung
Harry Gatterer

Autoren
Theresa Schleicher, Janine Seitz

Projektleitung
Janine Seitz

Redaktionelle Mitarbeit
Christof Lanzinger, Luisa Pacozzi,
Lena Papasabbas, Sarah Wygowski

Lektorat
Franz Mayer

Gestaltung
Benedikt Eisenhardt

Coverfoto
unsplash.com, Jason Leung

Druck
Henrich Druck und Medien

ISBN 978-3-945647-58-5

Inhalt

Theresa Schleicher

Werden wir alle „amazonisiert“? Wann werden die Roboter in den Laden kommen? Setzt sich der Dash-Button doch noch durch bzw. was folgt?

Theresa Schleicher ist keine Wahrsagerin. Aber eine der führenden Retail-Berater in Deutschland.
Die charismatische Zukunftsforscherin und Strategin berät seit vielen Jahren die Handelsbranche, darunter innovative Handelskonzerne wie Zalando, Otto oder Migros, wie sie auf die gesellschaftlichen Veränderungen, die Tech-Trends und die Wünsche der Kunden reagieren können. Seit 2013 ist sie als Trend- und Zukunftsforscherin für das Zukunftsinstitut in Frankfurt am Main und Wien tätig und veröffentlicht seit 2015 den regelmäßig erscheinenden Retail Report mit den Trends und Branchenentwicklungen der nächsten Jahre.

Die Retail-Expertin ist neugierig und tauscht sich gerne aus. Vielleicht liegt auch genau darin die Antwort auf die oft gestellte Frage, wo denn die neuen Trends und Entwicklungen herkämen. Sie lassen sich durch die Gespräche mit Kunden, Händlern, Städtebauern, Architekten zu ihren Problemstellungen, ihrer Inspiration, ihren Sehnsüchten und Wünschen erkennen. All diese Beobachtungen und Erkenntnisse finden im Kontext der Megatrends einen gemeinsamen Ort und zeigen globale Entwicklungen und Strömungen, die Theresa Schleicher analysiert und weiterdenkt. Die Handelsexpertin besucht jährlich die aufkommenden Handels-Hotspots – von Mönchengladbach bis USA und Asien –, um sich neue Handelsphänomene vor Ort anzusehen. So stand sie bereits vor Jahren vor dem Smart Mirror von Rebecca Minkoff oder verfolgte die digitalen Entwicklungen in Asien im Einzelhandel.

Ihr beruflicher Werdegang führte sie in renommierte Kreativ-Agenturen wie Jung von Matt, Razorfish und M&C Saatchi. Heute ist sie Geschäftsleiterin der Strategieagentur der Hirschen Group, eine der Top 3 Agenturgruppen in Deutschland mit 800 Mitarbeitern in Deutschland und Österreich, und hilft in dieser Funktion internationalen Händlern bei der Bewerkstelligung der digitalen Transformation und ihrer künftigen Aufstellung.

Theresa Schleicher ist in Franken, genauer gesagt in Heroldsbach, geboren und lebt seit acht Jahren im Prenzlauer Berg in Berlin, der für sie die urbane Inkarnation des DIY, der Tante Emma-Läden und des veganen Konsums ist; aber auch die Heimstätte von innovativen Pop-up-Läden und neuen Flagship-Stores.

Ihre Antworten auf die Fragen nach den Trends und künftigen Entwicklungen gibt sie auf der Bühne und im direkten Workshop. Denn Veränderungen in der Branche entstehen nur, wenn man selbst zum Akteur und Zukunftsgestalter wird.

Intro

2020 – das Jahr der Visionen: Drohnen, die Pakete ausliefern? Virtual Shopping via QR-Code? Roboter, die den Verkäufer überflüssig machen? Die nahe Zukunft ist viel menschlicher als vor zehn Jahren noch gedacht!

Retail 2020 – Gestern war Heute noch Morgen

Der Handel im Jahr 2020 – zahlreiche Visionen formten sich um dieses magische Jahr. Vor circa zehn Jahren prallte die Digitalisierung auf die Handelswelt. Und zwar so immens, dass man sich die Frage stellte, ob der Handel offline überhaupt eine Zukunft hat. Die Krise verleitete dazu, sogar das Ende des stationären Handels auszurufen: Man sprach vom Aussterben der Innenstädte – zum boomenden E-Commerce kamen immer mehr Fachmarktzentren und Shopping-Center auf der grünen Wiese hinzu, die den Städten und Gemeinden die Besucher und Kunden raubten. Im Jahr 2010 lag das Wachstum des E-Commerce-Umsatzes im Vergleich zum Vorjahr bei knapp 30 Prozent (siehe Infografik S. 67). Während die Möglichkeiten im Netz überhöht wurden, schienen die kleinen, inhabergeführten (Fach-)Geschäfte dem Untergang geweiht. Doch heute sehen wir: Beim Wettkampf Online gegen Offline ging nicht einer der beiden als Sieger hervor, sondern es kam zu einer Vermischung. Denn beide Welten haben ihre Vorzüge – und in der Kombination bieten sie die besten aller Shopping-Erlebnisse. Multichanneling und Omnichanneling wurden zur Maxime, Mobile Commerce wurde zum Hoffnungsträger, die smartphone-affinen Konsumenten in die Läden zu locken. Heute sehen wir: Die Revolution im Handel war eine Evolution, bei der sich die anpassungsfähigsten und innovativsten Player – ob groß oder klein – prima platzieren konnten. Wir können die „Wiederverzauberung des realen Verkaufsortes" genießen und erleben die Vorzüge des „Überall-Verkaufs" (vgl. Zukunftsinstitut 2009).

„Man braucht Paradoxie-Kompetenz, wenn man sich mit dem Handel beschäftigt: Ich habe schon unzählige Diskussionen erlebt über die Bedrohung des stationären Handels durch die Online-Plattformen. Und jetzt sind wir Zeugen einer Expansion Amazons mit eigenen stationären Stores. Oder: Weltweit spricht man von Achtsamkeit und der Sehnsucht nach Entschleunigung, aber zugleich sind die Konsumenten ungeduldiger denn je. Wie ist das also, wenn alles in eine Richtung strebt und gleichzeitig in die gegensätzliche zerrt? Unsere beseelte Beobachterin des Handels Theresa Schleicher hat den einzig schlüssigen Weg aus dieser Situation gewählt: Überblick. Megatrends helfen dabei, den Überblick zu bewahren. Wenn man dann aus dieser Metaebene wieder eintaucht in die Alltagsfragen, ergeben sich völlig neue, schlaue Erkenntnisse. Ich bin überzeugt, dass der Retail Report von Theresa Schleicher auch Sie inspirieren kann. Viel Freude damit!“

Harry Gatterer, Geschäftsführer Zukunftsinstitut

2020 – Morgen ist jetzt: Und nun?

Viele Unternehmen nannten in den vergangenen Jahren 2020 als Zeitpunkt, an dem sie die digitale Transformation vollzogen haben werden. Ob Wunsch oder Wirklichkeit, in wenigen Monaten kann man die Ergebnisse dem Stresstest unterziehen. Haben wir erreicht, was wir uns vorgenommen haben? Oder haben sich unsere Ziele im Laufe der Transformation verändert? Haben sich die Gegebenheiten gewandelt und konnten wir uns diesem Wandel adäquat anpassen? Es ist Zeit, Resümee zu ziehen, aber vor allem auch vorauszuschauen. Denn während man sich auf die Transformation des eigenen Unternehmens fokussiert hat, geriet eines – das Wichtigste – häufig aus dem Blick: der Kunde. Technologien sind eine feine Sache, doch darf man sich nicht hinter ihnen verstecken. Bereits im Retail Report 2018 hießen wir die Leser willkommen im Human Age: „Nach der digitalen Transformation kommt es zu einer Rückkehr des Menschen" (Zukunftsinstitut 2017, S. 53).

Mensch-Maschine-Ökosysteme

Denn wer den Menschen als Individuum in der Zwischenzeit längst in den Fokus genommen hat, sind die Tech-Unternehmen, die sich auf dem Handelsmarkt tummeln. Sie treiben die Hyperpersonalisierung von Angeboten voran – sie möchten mithilfe von Künstlicher Intelligenz den Kunden besser kennen als er sich selbst. Und schon wieder setzt bei vielen Einzelhändlern die Verunsicherung ein: Kaum haben wir uns ins digitale Zeitalter gerettet, steht direkt die nächste technologische Umwälzung vor der Tür? „Künstliche Intelligenz ist keine höhere Lebensform", formulierte es Sabine Bendiek, Chefin von Microsoft Deutschland, auf dem Deutschen Handelskongress 2018 in Berlin (Gerth 2018). In vielen Bereichen der Wertschöpfungskette kommt KI bereits erfolgreich – und ohne viel Aufsehen – zum Einsatz. Doch Maschinen können keine Menschen bei der Kuratierung des Angebots oder bei der Beratung und Betreuung von Kunden ersetzen.

Die einen mag es beruhigen, die anderen alarmieren: Jeff Bezos selbst sieht Amazon nicht als unverwundbar an: „Amazon ist nicht zu groß, um zu scheitern. Ich prognostiziere sogar, dass Amazon in der Tat eines Tages scheitern wird. Amazon wird pleitegehen. Wenn man auf große Unternehmen schaut, beträgt deren Lebensspanne in der Regel zwar mehr als 30 Jahre, jedoch nicht viel mehr als 100 Jahre" (Kim 2018). Zumindest beschreibt diese Aussage klar die DNA des Unternehmens: nämlich sich als digitales Ökosystem permanent zu verändern, weiterzuentwickeln und neu zu erfinden. Doch wer als Ökosystem existieren will, muss alle Akteure miteinbeziehen und gegenseitig für ihr Wohlergehen sorgen. Die Funktionalität ist auf diesem Zusammenspiel von unterschiedlichen großen und kleinen Playern aufgebaut. Konkurrenz war gestern, Coopetition (Verbindung von Cooperation und Competition) wird zur Maxime der kommenden Jahre. Übrigens spielt der Mensch hier ebenfalls die Hauptrolle. „Vom Konsumenten besessen zu sein", so Jeff Bezos, sei der einzige Weg, das Scheitern in die Länge zu ziehen (Kim 2018).

RETAIL-TRENDS 2020

Instant Shopping
Die Ära der ungeduldigen Konsumenten

Das schnelle und hektische Leben der Konsumenten macht dem stationären Handel zu schaffen. Innovative Konzepte zeigen, wie Händler den ungeduldigen Kunden gerecht werden können.

Playful Stores
Experience pro Quadratmeter

Während das Ende stationärer Läden heraufbeschworen wird, feiern innovative Retailer und Brands große Experiences auf großer Fläche. Künftig zählt das Erlebnis pro Quadratmeter – nicht mehr die Flächenproduktivität.

Event-Shopping
Boom der Schnäppchentage

Black Friday, Cyber Monday, Singles' Day – der Handel scheint keine Möglichkeit auszulassen, Kunden mit Rabattaktionen an selbstkreierten Shopping-Tagen zu locken. Und die Konsumenten sind begeistert – noch.

ImmoTail
Vom Händler zum Immobilienentwickler

Vor allem in Städten gewinnen Mischnutzungskonzepte an Bedeutung. Händlern kommt künftig eine wichtige Rolle bei der Schaffung von neuem urbanem Wohnraum zu.

Cashfree Retail
Bezahlen im Vorbeigehen

Spätestens mit Apple Pay und Amazon Go ist das Bezahlen ohne Bargeld oder Karte zum Trend geworden. Ob per App, Fingerabdruck oder Wearable: Innovative Konzepte zeigen, wie in Zukunft gezahlt werden kann.

BRANCHEN-INSIGHT

Age of Ecosystems
Smarte Kooperationen sind die Zukunftsmodelle des Handels

Die Plattform-Ökonomie verwandelt Online-Shops und Marktplätze in digitale Ökosysteme. Grundvoraussetzung für vitale Ökosysteme ist die Bereitschaft zur Kooperation aller Akteure. Hierbei geht es um einen für alle Seiten befruchtenden und gewinnbringenden Zusammenschluss von Partnern, die sich auf Augenhöhe begegnen. Denn nur gemeinsam können die komplexen Herausforderungen des Handels künftig gemeistert werden.

THEMENSCHWERPUNKTE

Gen Z
Die junge Generation fordert neue Werte

Mit technologischen Innovationen kann man die Generation Z nur bedingt begeistern. Ihnen geht es um mehr: Sie haben einen ausgeprägten Gemeinschaftssinn und legen ein starkes Verantwortungsbewusstsein an den Tag. Sie leben ihre Werte und fordern auch von Unternehmen ein nachhaltiges und verantwortungsvolles Handeln. Ihnen ist das Echte und Authentische wichtig und sie konsumieren lieber Erlebnisse als Produkte.

Algorithmic Retail
Wie Künstliche Intelligenz die Handelswelt verändert

Nach dem Hype um KI stellt sich die nüchterne Frage: Nun wissen wir, was alles möglich ist, doch was ist wirklich sinnvoll? Der Einsatz von KI durchzieht sämtliche Prozesse im Handel – von der Beschaffung bis zum Verkauf. Das optimale Erlebnis für den Kunden wird jedoch nicht alleine durch KI erreicht, sondern durch das kluge Zusammenspiel von menschlicher und maschineller Intelligenz.

Überblick

NEW WORK
NEO-ÖKOLOGIE
URBANISIERUNG
MOBILITÄT
INDIVIDUALISIERUNG
KONNEKTIVITÄT

Retail-Trends

Megatrends sind die größten Treiber des Wandels und somit die Basis für die Trendentwicklungen im Retail. Sie erzeugen epochale Veränderungen, indem sie alle Aspekte von Wirtschaft und Gesellschaft maßgeblich beeinflussen – nicht nur kurzfristig, sondern auf mittlere bis lange Sicht.

Megatrends sind nichts Neues, jeder kennt sie, da sie allgegenwärtig sind und uns täglich begleiten. Sie tauchen nicht heute auf und sind morgen wieder verschwunden, sondern sie entfalten ihre Dynamik langsam über Jahrzehnte. Das Zukunftsinstitut arbeitet seit vielen Jahren erfolgreich mit seinem Modell der Megatrends: Es hilft, die komplexen, weltweiten Veränderungen in Wirtschaft und Gesellschaft greifbar zu machen – und Innovationen auf ihre Zukunftsfähigkeit zu prüfen. Megatrends bieten die Möglichkeit, Retail-Trends in ihrem großen Kontext zu verstehen; eben nicht nur die Ausprägungen in der Retail-Branche wahrzunehmen, sondern zu erkennen, welche weltumspannenden Veränderungen dahinterstecken – und auch zu verstehen, dass nicht nur das eigene Unternehmen und die eigene Branche betroffen sind, sondern alle Unternehmen und Branchen.

Während Megatrends das große Ganze für Wirtschaft und Gesellschaft aufzeigen, geben Retail-Trends ganz konkret Orientierung in dynamischen Handelsmärkten. Sie sind Frühwarnsysteme für die Retail-Branche, indem sie Veränderungen signalisieren und Antworten auf zukünftige Fragen provozieren. In der **Megatrend-Map** werden die großen Megatrends sowie ihre jeweiligen Ausprägungen und Verknüpfungen visualisiert (siehe hintere Umschlagklappe). Für den Retail Report wurde speziell eine Darstellung in Megatrendfeldern für den Retail entworfen, um Ihnen die Einordnung der Retail-Trends in den größeren Kontext zu erleichtern. Dafür wurden die sechs Megatrends ausgewählt, die den Handel aktuell am stärksten beeinflussen: Individualisierung, Konnektivität, Mobilität, Urbanisierung, New Work und Neo-Ökologie.

New Work prägt das Paradigma der Kollaboration

Der Megatrend New Work verändert den Handel von innen heraus: Mitarbeiter haben andere Ansprüche an das Arbeitsleben. Die Kreativökonomie löst die rationale Leistungsgesellschaft ab. New Work stellt die Potenzialentfaltung eines jeden einzelnen Menschen in den

Mittelpunkt. Das reicht von Pioniergeist im Start-up bis zum Hobby Professional. Denn Kreativität passiert nicht einfach am Schreibtisch zwischen 9 und 17 Uhr – Arbeit und Freizeit verschmelzen immer mehr. Work-Life-Blending beschreibt genau diese Trendentwicklung – mit all ihren Vorteilen der Sinnfindung im Job, aber auch den Herausforderungen des Nicht-abschalten-Könnens. Kollaboration in Teams und Organisationen wird großgeschrieben, inzwischen auch über die Unternehmensgrenzen hinweg – Networking ist das A und O von New Work. Der Trend zu **Coopetition** (vgl. S. 76) geht sogar noch einen Schritt weiter und beschreibt die lose Zusammenarbeit mit bzw. Unterstützung von Mitbewerbern, um gemeinsam komplexe Probleme zu lösen. Die **Plattform-Ökonomie** bietet die perfekte Infrastruktur für solche Kooperationen.

Neo-Ökologie sorgt für ein neues Verantwortungsbewusstsein

Der Megatrend Neo-Ökologie stellt die Retail-Branche nicht von heute auf morgen auf den Kopf, sondern manifestierte sich erst in Nischen. Heute kommt das Bewusstsein für nachhaltigen Konsum langsam aber sicher in der Mitte der Gesellschaft an. So zeigt sich z.B. im Luxusmarkt der Trend zu **Sustainable Luxury,** indem Statussymbole mit ethischem Mehrwert und nachhaltigem Anliegen aufgeladen werden (vgl. Zukunftsinstitut 2019). Doch auch Designobjekte werden immer häufiger recycelt oder **upgecycelt** und werden somit zum Ausdruck von **Zero Waste** und dem Denken in Kreisläufen der **Circular Economy.** Dass Umweltbewusstsein zwar mit dem Wunsch nach **Minimalismus** verbunden sein kann, jedoch nicht zwingend Verzicht bedeutet, zeigt der Trend zum **Blue Commerce:** eine Konsumhaltung, die ethisch korrekt und verschwenderisch zugleich ist (vgl. Retail Report 2017, S. 28ff).

Urbanisierung verdeutlicht: Ohne Handel keine Stadt

Der Megatrend Urbanisierung und der Handel sind seit jeher eng miteinander verwoben. Eine Stadt ohne Orte des Handels wie Ladengeschäfte oder Marktplätze ist kaum vorstellbar, Handel losgelöst von einem Ort allerdings ist längst Realität. Trends wie **Local Commerce, AuthentiCity** und **Hybrid Spaces** oder die **Renaissance der Straßenmärkte** sind kreative Maßnahmen, die Stadt als Handelsplatz wieder attraktiv zu gestalten. Vor allem Klein- und Mittelstädte in Deutschland haben mit der Abwanderung von Händlern und Marken aus den Einkaufsstraßen zu kämpfen: Mit „Urbane Handelslandschaften zwischen Tristesse und Glamour“ beschrieben wir im Retail Report 2017 die Lage und zeigten drei Strategien zur Gestaltung der Innenstädte der Zukunft auf. Die aktuelle Entwicklung zum **ImmoTail** (vgl. S. 49) zeigt allerdings auch, dass Städte die neuen Zentren der Macht sind: Sie greifen bewusst in die Entwicklung von Handelsstandorten ein, sodass Händler ihre Konzepte nicht mehr losgelöst vom Umfeld denken können. Zugleich trägt dieser Trend zu vielfältigen und differenzierten Vierteln und Straßenzügen bei.

Mobilität löst den Handel von Raum und Zeit

Eng verbunden mit der Urbanisierung ist auch der Megatrend Mobilität, vor allem was die Versorgung in ländlichen Regionen angeht. Aber auch die **Letzte-Meile-**Lieferung im urbanen Raum verlangt von Handel und Logistik innovative Lösungen, um den städtischen Verkehr nicht unnötig zu belasten und zugleich kundenfreundliche – sprich auf die individuellen Bedürfnisse zugeschnittene – Lieferungen zu ermöglichen. Der Trend **Instant Shopping** (vgl. S. 16) beschreibt das Bedürfnis der mobilen Nomaden, alles immer und überall zur Verfügung zu haben. Die ungeduldigen Konsumenten der **24/7-Gesellschaft** fordern nicht nur schnelle Reaktionen, sondern ein Shopping in Echtzeit – und dass Produkte zu ihnen dorthin kommen, wo sie gerade einen Zwischenstopp einlegen. Der Trend ist eine Fortschreibung zum **Point of Situation** (vgl. Retail Report 2016, S. 98ff.): Dieses Konzept beschreibt, wie sich Verkaufsorte den Bedürfnissen der Kunden hin zu situativen Konsummöglichkeiten anpassen müssen, indem sie z.B. in Form von **Pop-up-**Flächen zu den Menschen kommen. Diese Trendphänomene im Handel sind Ausprägungen des Megatrends Mobilität: Menschen erwarten Angebote, die ihren mobilen Lebensstil ansprechen und sie begleiten.

Individualisierung macht den Handel menschlich

Dieser Wunsch nach **Lifestyle Services** (vgl. Retail Report 2016, S. 98ff.) ist zugleich Ausdruck der Individualisierung – ein weiterer Megatrend. Jeder Mensch möchte als Individuum angesprochen werden, die Zeiten des Massenkonsums sind längst vorbei. Sprachen wir vor circa zehn Jahren noch vom Trend zur **Mass Customization,** also von der individualisierten Massenfertigung, hat sich diese Entwicklung in zahlreichen Bereichen inzwischen durchgesetzt. **Made to Measure** beschreibt in der Fashionbranche die individuelle Anpassung von Schnittmustern auf die Maße des jeweiligen Menschen, sodass eine optimale Passform gewährleistet wird. Auch der Trend zum **Curated Shopping** ist Ausdruck des Wunsches nach Individualisierung und Vereinfachung in Zeiten von Überangebot.

Konnektivität treibt den Handel zu Höchstleistungen

Big Data, Künstliche Intelligenz und Co. ermöglichen inzwischen auch eine hyperpersonalisierte Ansprache durch die Analyse der Kundendaten im Netz – mit all den offenen Fragen und Bedenken hinsichtlich Privatsphäre, Datenschutz und Cybersecurity rund um die digitalen Identitäten. **Digitale Disruption** ist zum Buzzword geworden und neue Technologien und digitale Innovatoren aus anderen Branchen stellen die Handelswelt auf den Kopf. Genauso schnell herrscht auch Überforderung in Anbetracht all der technologischen Trends, die damit verbunden sind. **Omnichanneling** ist heute der Mehrheit der Retailer ein Begriff, doch ob man nun in seinem Laden Roboter, dynamische Preise oder **Augmented Reality** einsetzen, ob man in seinem Online-Shop **Voice Commerce** anbieten oder doch lieber auf **Subscription**-Modelle setzen soll, sorgt für Überforderung. Doch dass **Künstliche Intelligenz** (vgl. S.110) alle Dimensionen des Handels, von der Produktion bis zur Schnittstelle zum Kunden, verändert und auch künftig weiter verändern wird, steht außer Frage.

Um Verwirrung und Überforderung vorzubeugen, verstehen wir die Retail-Trends, die wir Ihnen im Retail Report präsentieren, als klare Orientierungshilfen in der Unübersichtlichkeit von Trends und Hypes. Sie erleichtern eine kritische Beurteilung des eigenen Handelns und des Potenzials von Produkten und Dienstleistungen.

Trendfelder im Retail

Sechs Megatrends beeinflussen den Handel aktuell am stärksten. In ihrem Kontext lassen sich Retail-Trends besser verstehen. Einzelne Trends werden dabei oft nicht nur von einem, sondern von mehreren Megatrends getrieben.

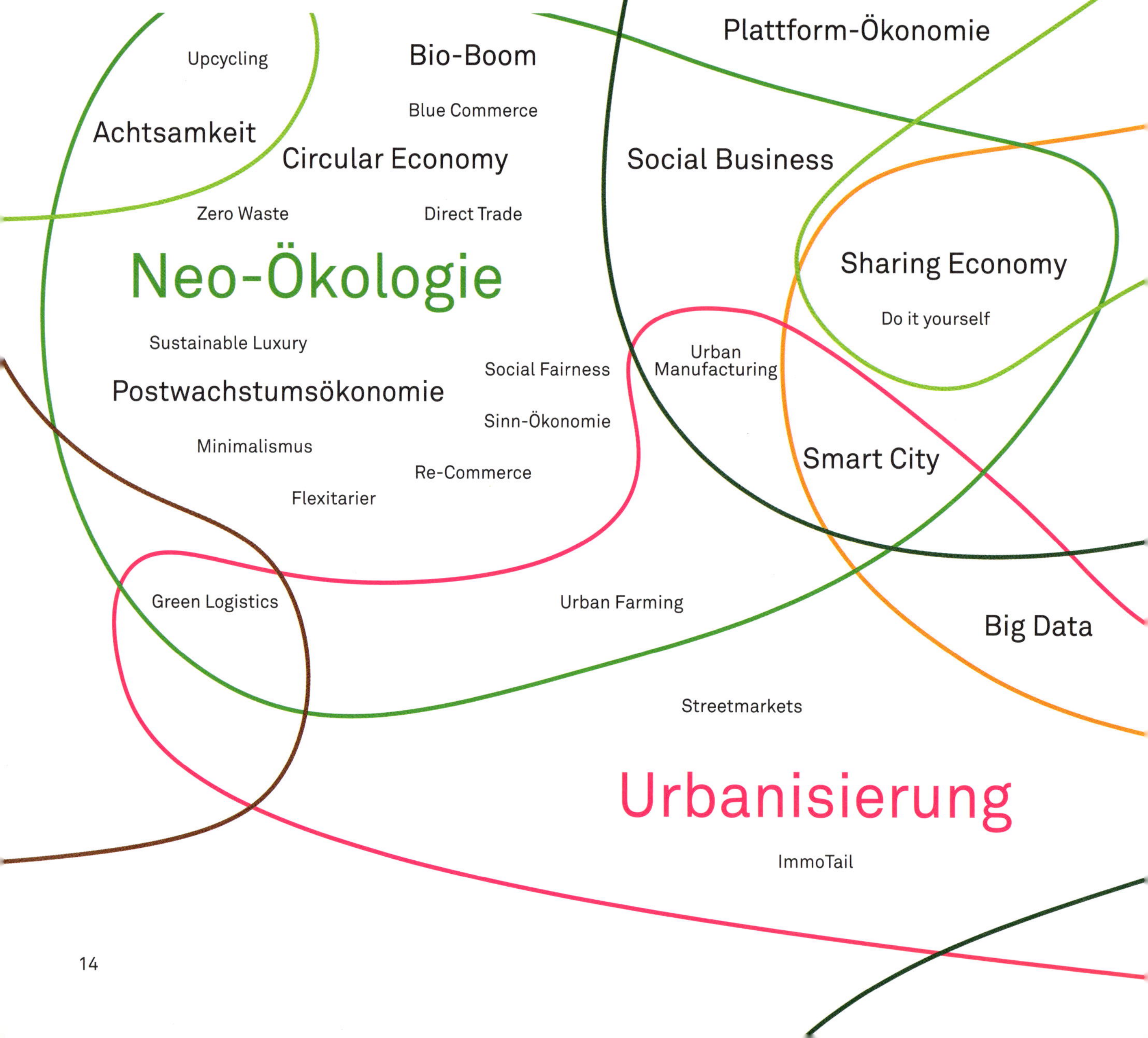

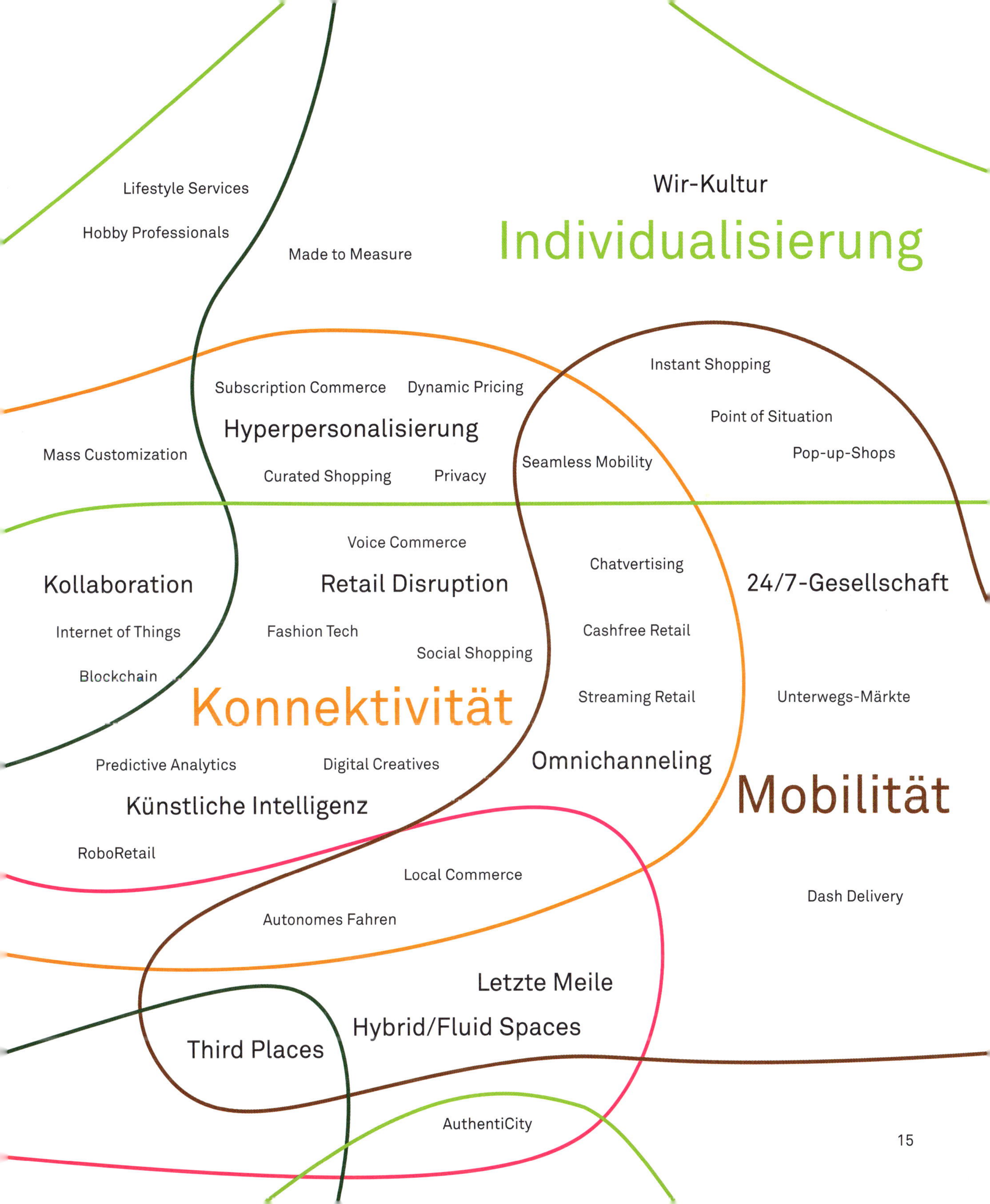
Lifestyle Services
Hobby Professionals
Made to Measure
Wir-Kultur
Individualisierung
Instant Shopping
Subscription Commerce
Dynamic Pricing
Point of Situation
Hyperpersonalisierung
Mass Customization
Seamless Mobility
Pop-up-Shops
Curated Shopping
Privacy
Voice Commerce
Chatvertising
Kollaboration
Retail Disruption
24/7-Gesellschaft
Internet of Things
Fashion Tech
Cashfree Retail
Social Shopping
Blockchain
Konnektivität
Streaming Retail
Unterwegs-Märkte
Predictive Analytics
Digital Creatives
Omnichanneling
Mobilität
Künstliche Intelligenz
RoboRetail
Local Commerce
Dash Delivery
Autonomes Fahren
Letzte Meile
Hybrid/Fluid Spaces
Third Places
AuthentiCity

Die Ära der ungeduldigen Konsumenten

Foto: The Moby Mart

BEST PRACTICE:

01 Instant Shopping

Das schnelle und hektische Leben der Konsumenten macht dem stationären Handel zu schaffen. Innovative Konzepte zeigen, wie Händler den ungeduldigen Kunden gerecht werden können.

Ständig unterwegs und ständig im Stress: So geht es heute vielen Menschen in unserer Gesellschaft. Seit einigen Jahren wird das für Händler zum Problem: Zunehmend haben sie Schwierigkeiten, die permanent gestressten und auf den letzten Drücker einkaufenden Kunden zu überzeugen. Sogar an stark frequentierten Orten wie Flughäfen oder Bahnhöfen – wo der Handel traditionell floriert – ist die Lage schwieriger geworden.

Der neue Konsument ist ungeduldig

Die Kombination eines mobilen Lebensstils, der häufig in Hektik und Stress ausartet, sowie des jederzeit und überall Vernetzt- und Online-Seins der 24/7-Gesellschaft wirkt sich auf das Konsumverhalten aus. Das Headhunting-Unternehmen Morgan Philips Executive Search spricht in diesem Zusammenhang gar von einem Zeitalter der „ungeduldigen" Konsumenten: „In einer Zeit, in der Amazon innerhalb von 60 Minuten liefert und es quasi undenkbar ist, auf ein Taxi mehr als ein paar Sekunden zu warten, haben wir es mit einem neuen Konsumenten-Mindset zu tun; wir leben in einer Ära der Ungeduld", fasst es die Beraterin Elodie Elkouby zusammen. Der Digital Analyst Brian Solis bezeichnet Ungeduld als eine Tugend und als das „Mantra des vernetzten Kunden". Google beschreibt den „Impatient Consumer" als eine der drei wichtigen und aufstrebenden Konsumententypologien. In einer hoch individualisierten, mobilen und vernetzten Welt ist es für den Konsumenten selbstverständlich, dass er etwas, das er möchte, mit

„Impatience is a virtue."

Brian Solis, Digital Analyst

einem Klick bestellen kann oder innerhalb weniger Stunden von einem Laden in seiner Nähe bekommt.

Laut einer Untersuchung der Marketingfirma HubSpot ist es 82 Prozent der Konsumenten wichtig, eine schnelle Antwort zu erhalten, wenn sie mit einem Unternehmen in Kontakt treten. Hierfür wurden Personen in den USA, Großbritannien, Australien und Singapur befragt. „Schnell" definieren die meisten als „zehn Minuten oder weniger", unabhängig davon, ob es um reale, telefonische oder digitale Interaktionen geht (Dick 2018). Wie für den „ungeduldigen Konsumenten" gemacht erscheint etwa das One-Click-Kaufverfahren, das besonders auf mobilen Endgeräten praktisch ist. Wer schnell von unterwegs etwas bestellen möchte, hat in der Regel keine Geduld, auf dem Smartphone lange und umständlich seine Lieferadresse einzutragen – und schon gar nicht möchte der Kunde seine Kreditkartendaten eintippen, wenn andere Menschen um ihn herumstehen und ihm über die Schulter blicken (könnten). Der Trend zum Instant Shopping beschreibt Lösungen, die es den ungeduldigen Konsumenten ermöglichen, alles sofort und überall zu erwerben. Hierbei werden Mechanismen des Online-, Mobile- und Offline-Shoppings smart kombiniert.

Renaissance der fliegenden Händler

Die sich verändernden Wünsche und neuen Forderungen des ungeduldigen Konsumenten führen dazu, dass ein uraltes Konzept einen neuen Aufschwung erlebt: der mobile Handel. Vor der Industrialisierung waren fliegende Händler und Wanderverkäufer ein fester Bestandteil der Wirtschaft. Sie streiften durch die Städte und machten auf sich aufmerksam – immer dort, wo sich die Menge gerade befand.

Mit der Industrialisierung verbesserte sich die Infrastruktur und öffentliche Transportmittel wie die Eisenbahn wurden der breiten Masse zugänglich. Zu Zeiten des Wirtschaftswunders konnten sich dann immer mehr

Tipp: Überlegen Sie sich, wo Ihre Produkte am meisten zum Einsatz kommen und wo sie am dringendsten benötigt werden. Genau dort sollten Sie den Menschen mit einem mobilen Angebot begegnen.

Menschen ein eigenes Auto leisten. Das machte die fliegenden Händler zunehmend überflüssig, schließlich konnte jeder selbst zu einem Geschäft fahren und Produkte einkaufen. Heute findet sich in den Städten an jeder Ecke eine Vielzahl, zum Teil sogar ein Überangebot an Geschäften mit einer ähnlichen Produktauswahl. Per se ideale Umstände für Konsumenten - sollte man meinen. Doch der stationäre Handel, wie wir ihn kennen, scheint den Bedürfnissen vieler Menschen nicht mehr zu entsprechen. Sie suchen nach neuen, mobileren und schnelleren Wegen, ihre Einkäufe zu erledigen.

Instant-Formate an den Third Places

Während wir im Retail Report 2016 über den neu aufkommenden Trend des Point of Situation gesprochen haben - also Angebote von Händlern genau dort, wo der Kunde sich gerade aufhält, mit einem Sortiment, das zur Situation passt -, sind solche Distributionsstrategien heute schon für viele Händler an der Tagesordnung (Zukunftsinstitut 2015). Besonders Frequenzpunkte wie Bahnhöfe und Flughäfen rücken hierbei immer mehr in den Fokus. An Flughäfen etwa wird bereits heute ein Großteil der Umsätze über die Handelsflächen gemacht. Laut EHI-Whitepaper Travel Retail 2017 dominieren die Einzelhandelsflächen mit 61 Prozent im Sicherheitsbereich und 48 Prozent im öffentlich zugänglichen Bereich der Flughäfen in Deutschland. Der Gastronomieanteil liegt hingegen jeweils nur bei 35 bzw. 31 Prozent (EHI Retail Institute 2017). Auch an Tankstellen, Bahnhöfen und anderen Third Places drängt der Einzelhandel immer stärker in den Vordergrund. Branchenriesen wie Amazon haben diesen Trend erkannt: Der Nachrichtenagentur Reuters zufolge will das Unternehmen mit seinem kassenlosen Supermarkt Amazon Go künftig verstärkt an Flughäfen präsent sein, wo Reisende vor dem Flug schnell und unkompliziert Verpflegung einkaufen können (Dastin 2018).

Der Lieferservice AtYourGate erfüllt die Wünsche von Reisenden mit wenig Zeit am Flughafen.
Foto: Robert Maxwell

Fliegender Händler

BEST PRACTICE: ATYOURGATE

Eine Sonnenbrille, ein Handykabel oder einen Burger direkt zum Boarding-Gate bestellen - das macht das amerikanische Start-up AtYourGate möglich. Mit einer App können die Flugzeugpassagiere noch schnell vor dem Abflug einkaufen und direkt mobil zahlen, ohne sich dabei einen Schritt bewegen zu müssen. Die Bestellung von kooperierenden Händlern und Gastronomen wie Westfield, SSP America oder High Flying Foods werden innerhalb von 30 Minuten geliefert. Vor allem für Geschäftsreisende, die die Zeit am Flughafen zum Arbeiten nutzen wollen, trifft AtYourGate den Bedarf.

atyourgate.com

Der schwimmende Supermarkt von Carrefour ermöglicht es einzukaufen, ohne die Yacht verlassen zu müssen.
Foto: Carrefour UAE

Next Level Mobile Retail

Doch auch jenseits von hochfrequentierten Orten passen sich immer mehr Unternehmen dem ungeduldigen Konsumenten an und bestreiten mit neuen Lieferangeboten, Pop-up-Stores und Kooperationen den mobilen Alltag. Neue Technologien wie das autonome Fahren oder Liefernetzwerke heben den mobilen Handel auf die nächste Stufe und eröffnen neue Möglichkeiten, Kunden in ihrem Alltag zu begegnen. Dass dabei immer ungewöhnlichere Ideen entstehen, ist kaum verwunderlich. Schließlich versuchen Händler nicht nur, Kunden lange zu begleiten, sondern sie auch zu überraschen. Der Trend zum Instant Shopping verknüpft das Beste aus den Welten Online, Mobile und Offline zu einem wahren smarten Shoppingerlebnis: Das Angebot kann von überall unterwegs eingesehen, Produkte oder Dienstleistungen können einfach per Klick, Fingertipp oder Sprachsteuerung bestellt werden. Indem der Verkaufsort zum Kunden kommt bzw. dort zu finden ist, wo sich der Kunde gerade aufhält, können die Waren sofort mitgenommen und genutzt werden. Oder die Lieferung erfolgt dorthin, wo man sich gerade befindet – natürlich innerhalb weniger Minuten.

Im mobilen Laden „Shop on Wheels" kann man einkaufen, anprobieren und Neues entdecken. Vielleicht bald schon Wirklichkeit?
Foto: Space10 und foam studio

Der fahrende Roboter von Robomart und Stop & Shop liefert Food aus.
Foto: Stop&Shop

Sail-thru Supermarket

BEST PRACTICE: CARREFOUR UAE

Die Supermarktkette Carrefour UAE bringt den Supermarkt zu Wasser. Eben dorthin, wo Reisende in Dubai mit ihren Yachten des Öfteren sind. Unter dem Namen Carrefour Bites and More by the Shore erwarten die Wassersportler, Yachtbesitzer und Sonnenanbeter am Strand um die 300 Lebensmittel und Non-Food-Produkte von Snacks über Sonnencreme bis zu Romanen. Der Einkauf ist dabei ganz einfach. In dem sechs Tage in der Woche geöffneten Markt können die Kunden entweder über den Supermarkt-Drive-in mit einem Jetski oder Boot vor Ort einkaufen oder sich für die Lieferung ihrer Produkte per App entscheiden – und damit ihre Bestellung direkt zur Strandmatte bekommen.

carrefouruae.com

Lebenswelten auf Rädern

BEST PRACTICE: IKEA SPACE10 UND FOAM STUDIO

Die Innovationsschmiede Space10 des Möbelherstellers IKEA hat ein neues Research-Projekt gestartet. Gemeinsam mit dem Visual Trend Lab foam studio wurden die „Spaces on Wheels" entwickelt. Auf insgesamt sieben autonomen Fahrzeugen stellt IKEA die Wohn-, Shopping- und Lebenswelten der Zukunft dar. Im mobilen „Cafe on Wheels" wird das Café für die gestressten Business-Menschen gezeigt, das zum Vernetzen und Kaffetrinken dorthin kommt, wo sie sich gerade aufhalten. Im „Shop on Wheels" können Kunden unterdessen ihren persönlichen Lieblingsladen nach Hause bestellen. Die weiteren Fahrzeuge befassen sich mit Healthcare, Farm, Play, Office und Hotel. Die unterschiedlichen Spaces können über eine Augmented-Reality-App erlebt werden.

space10.io; foam.studio

Rollender Frische-Service

BEST PRACTICE: STOP & SHOP UND ROBOMART

Die Supermarktkette Stop & Shop hat zusammen mit dem amerikanischen Start-up Robomart ein mobiles, autonomes und schnell lieferndes Lebensmittelnetzwerk gegründet. In Boston können die Kunden von Stop & Shop seit Anfang 2019 einen mobilen Roboter-Supermarkt zu sich beordern, der innerhalb weniger Stunden

Moby bietet einen mobilen Hightech-Container für den Überall-Verkauf.
Foto: The Moby Mart

die gewünschten Einkäufe bringt. Mit dem Robomart möchte der Gründer Ali Ahmed vor allem frische Produkte wie Obst, Milch und Gemüse anbieten, die bisher von den Online-Lebensmittelkäufern noch oft stationär gekauft werden. Die Kunden können die Produkte begutachten und selbst eine Auswahl treffen – ein ganz klarer Vorteil gegenüber E-Food, das geliefert wird. Die Schnelligkeit und die Qualität der Produkte sollen dabei den Unterschied zu den bisherigen Online-Bestell-Anbietern machen. Neben Stop & Shop können auch weitere interessierte Einzelhändler den Robomart für zwei Jahre leasen.

stopandshop.com, robomart.co

Mobile Staffless Store

BEST PRACTICE: **MOBY**

Der mobile Roboter-Supermarkt Moby vom schwedischen Start-up Wheelys, dem Technologieunternehmen Himalafy und der chinesischen Hefei University of Technology fährt dorthin, wo er und seine Lebensmittel gebraucht werden. Via App können die Kunden in Shanghai ihre Lebensmittel- und Non-Food-Wünsche aufgeben, die daraufhin innerhalb der nächsten Stunden direkt nach Hause geliefert werden. Der Supermarkt funktioniert dabei komplett ohne Verkäufer und Fahrer, sondern fährt und agiert autonom – selbst das Bezahlen funktioniert über Sensoren und RFID, sodass die Einkäufe 24 Stunden am Tag getätigt werden können. Der rollende Container wird über die Cloud gesteuert.

themobymart.com

Trendprognose

Instant Shopping lässt die Distributionskanäle endgültig verschmelzen. Dem ungeduldigen Konsumenten geht es letztendlich um eine höchstmöglich schnelle Verfügbarkeit von Produkten und Services, die er jetzt, in diesem Moment nutzen möchte. Diese Entwicklung bietet vor allem stationären Händlern mit einem physischen Angebot neue Chancen der Kundenansprache. Sowohl mit smarten mobilen Angeboten und Services, die sich dort finden, wo der Kunde gerade unterwegs ist, als auch mit einer Präsenz an hochfrequentierten Third Places. Im Zeitalter des ungeduldigen Konsumenten wird es künftig allerdings immer wichtiger, dass Händler sowohl on- als auch offline schnelle und unkomplizierte Lösungen bieten und „on the go“ oder „to go“ noch stärker als Chance begreifen. Schließlich werden die Händler erfolgreich sein, die selbst höchst spontan und serviceorientiert sind, so dass Kunden ihre Einkäufe nicht lange im Voraus planen oder auf sie warten müssen. Denn Ungeduld ist in Zukunft eine Tugend.

Experience pro Quadratmeter

Foto: CHANEL PR

BEST PRACTICE:

02 Playful Stores

Während das Ende stationärer Läden heraufbeschworen wird, feiern innovative Retailer und Brands große Experiences auf großer Fläche. Künftig zählt das Erlebnis pro Quadratmeter – nicht mehr die Flächenproduktivität.

Schon oft ist das Ende des stationären Handels ausgerufen worden: Online-Shops verdrängen die Ladengeschäfte. Die These leuchtet ein – nur stimmt sie nicht. Frei nach dem Motto „Totgesagte leben länger" bestätigen Untersuchungen in regelmäßigen Abständen, dass sich der PoS zwar verändert, aber nicht ausstirbt. So kommt zum Beispiel jüngst der 12. Retail Real Estate Report Germany zum Ergebnis: Die Verkaufsflächen der stationären Händler wachsen (Hahn Gruppe 2018). „Die Wirtschaft brummt, die Verbraucher haben mehr Geld in der Tasche, und dieses zusätzliche Geld kommt dem Einzelhandel zugute. Das spiegelt sich dann auch im Flächenbedarf wider", sagte Ralf-Peter Koschny, Sprecher des Vorstandes des Marktforschungs- und Beratungsunternehmens der Immobilienbranche Bulwiengesa, anlässlich der Präsentation des Reports (Beul 2018).
Nicht in allen Handelsbranchen – so haben stationäre Textilhändler etwa in der Tat Probleme mit der Online-Konkurrenz –, doch in vielen Bereichen wie dem Lebensmittelhandel und den Drogeriemärkten boomt das Geschäft. In der Vermietungsstatistik der expansivsten Einzelhändler belegen Rewe, Edeka, Aldi, Rossmann und dm die ersten fünf Plätze (Hahn Gruppe 2018). Der Handelsberater Jan Schemuth ist davon überzeugt, dass der Online-Handel den stationären Händler nicht komplett überflüssig machen werde: „Shopping wird phigital. Die Menschen wollen die Bequemlichkeit der Online- und das ‚touch & feel' aus der stationären Welt" (Beul 2018).

Spaß und Erlebnis im Vordergrund

Viele der Händler, die heute erfolgreich sind, verkaufen nicht mehr nur Waren, sondern Erlebnisse. Während Shopping-Webseiten im Internet selten atemberaubend sind, haben stationäre Geschäfte den großen Vorteil, beim Kunden einen nachhaltigen Eindruck zu hinterlassen – live und in Farbe. Im steigenden Wettbewerb gilt heute mehr denn je: Von dem Moment an, in dem ein Kunde einen Laden betritt, muss er überrascht und begeistert werden. Auch kleine Design-Entscheidungen können ausschlaggebend sein, ob der Kunde etwas kauft oder nicht. Besonders jüngere Konsumenten lassen sich für erlebnisreiche oder spielerische Einkäufe begeistern. 53 Prozent der Generation Z und sogar 66 Prozent der Millennials in den USA haben laut des Consumer View Winter 2019 im vergangenen Jahr ein

Events als Kundenmagnet

Kundeninteresse an verschiedenen Retail-Events (Angaben in Prozent)

87	81	80	71	69	69
Early access/ Exklusivzugang zu Waren oder Rabatten	Party-Event	Produktvorstellung/ -vorführung	Spiel oder Wettbewerb	Treffen mit einem Experten oder Markenbotschafter	Pop-up-Shop

Ich möchte teilnehmen an Events (Angaben in Prozent) ...

	...von Anbietern, bei denen ich bereits Kunde bin	...von neuen Anbietern
Generation Z	60	40
Generation Y	39	61

Quelle: NRF Consumer View Winter 2019

Entertainment-Event eines Retailers besucht. Dabei dienen solche Veranstaltungen sowohl der Neugewinnung von Kunden als auch der Bindung von Bestandskunden (siehe Abb.). 58 Prozent aller Konsumenten sind an solchen Events interessiert (NRF 2018). Kein Wunder also, dass mehr als 55 Prozent der 400 für den Report „Future of Retail 2018" von PSFK befragten Führungskräfte im Einzelhandel mehr in Instore-Erlebnisse investieren wollen (PSFK 2017).

Heute zeigen sich oft zwei Wege, wie Händler mit Erlebnissen umgehen. In Zeiten von Künstlicher Intelligenz (KI) und Virtual Reality scheint dabei die Versuchung groß, die Stores mit ausgefeilter Technik auszustatten, um ein modernes Einkaufserlebnis zu schaffen. Dabei steht vor allem das spielerische Erleben der neuesten Technologien im Vordergrund. Andere Händler bieten bereits seit Jahren neue Konzepte an, wie die Digital Eatery, ein Café von Microsoft in Berlin-Mitte, das Gastronomie und Spiel in den Fokus und Produkte in den Hintergrund rückt. Einen ähnlichen Weg beschreitet Samsung mit seinem Flagship-Store in New York, der als Galerie fast ohne Produkte daherkommt.

Doch mehr und mehr gewinnen vor allem Konzepte an Attraktivität, die sowohl den Verkauf als auch das Erlebnis vor Ort besonders spielerisch gestalten. Viele Händler gehen sogar noch einen Schritt weiter. Sie erschaffen innovative Lebens-Räume, Spiel- und Spaß-Stätten und Service-Orte rund um die Produkte in ihren Geschäften. Die folgende Auswahl bietet jede Menge Inspiration, wie der stationäre Handel neu gedacht werden kann.

Der Flagship-Store von Gentle Monster in London erschafft eine künstlerische Neuinterpretation der Martial-Arts-Kultur.
Foto: Gentle Monster

Playful-Konzepte bereichern die Handelslandschaft

1. Retail Gaming

Flächen spielerisch nutzen

Neue Konzepte und Stores stellen das Spielerische in den Mittelpunkt ihres Designs, um nicht nur ein besonderes Erlebnis für die großen und kleinen Kunden zu bieten, sondern um eine gemeinsame Interaktion zwischen Händler, Marken und Kunden zu ermöglichen. Hierbei steht das Eintauchen in eine andere Welt – sei es in Online-Games oder durch das Store-Design – im Mittelpunkt.

Brillen im spielerischen Fantasyland

BEST PRACTICE: GENTLE MONSTER

Die Brillenmarke Gentle Monster ist bekannt für einfallsreiches, spielerisches Shopdesign – so beherbergt die Niederlassung in L.A. ein „Reisfeld", eine Kunstinstallation aus Metallstäben. Für ihren ersten Stand-Alone-Shop in Europa haben sich die Koreaner für ein Aliens-meet-Kung-Fu-Konzept entschieden. Das heißt, man betritt eine Welt von Krieger-Aliens aus Bast und Metall, ein Schlachtfeld aus Büschen, blickt auf digitale Wasserfälle und lauscht einem zeremoniellen Gong, der alle paar Minuten ertönt. In dieser Kung-Fu-Szenerie wird eine Auswahl an Brillen präsentiert, die zum Verkauf stehen. Gentle Monster schafft sogar eine einzigartige Duft- und Klanglandschaft für jeden ihrer Räume, so dass das Einkaufen hier wirklich einem Eintauchen in eine andere Welt gleicht.

gentlemonster.com

Daddeln und shoppen

BEST PRACTICE: ESPORTS ARENA BEI WALMART

Der US-amerikanische Einzelhandelskonzern Walmart setzt vor allem in ländlichen Regionen auf Online-Gaming: Zusammen mit Esports Arena, Amerikas erstem professionellen E-Sports-Anbieter, sollen 2019 in sieben Walmart-Warenhäusern E-Sports-Arenen eröffnet werden. Darin können Spieler nicht nur selbstständig oder im Team spielen und trainieren, sondern auch neue Produkte ausprobieren: sowohl bezüglich E-Sports als auch aus dem Walmart-Sortiment. Alle Arenen werden mit technischem Equipment der neuen Produktlinie „Overpowered“ ausgestattet, die exklusiv bei Walmart erhältlich ist. Zusätzlich sind Turniere, „League-Nights“ und weitere Events geplant – mit passenden Gadgets, etwa Energy-Drinks, die praktischerweise direkt im Store verfügbar sind.

walmart.com, esportsarena.com

Die perfekte Welle

BEST PRACTICE: L&T

Das Traditions-Warenhaus L&T bietet Kunden – gemäß dem Motto „nicht nur kaufen, sondern erleben“ – ein Einkaufserlebnis der besonderen Art: Inmitten von Kleidern und anderen Produkten kann auf einer stehenden Welle gesurft oder in einem Fitness-Center mit alpinen Bedingungen trainiert werden. Damit lockt das Osnabrücker Unternehmen erfolgreich (neue) Kunden ins Haus, die die „Hasewelle“ oder ein Training in gefühlten 2.500 Metern Höhe erleben wollen – und wird damit vom Warenhaus zum Sporthaus. Zusätzlich gibt es zahlreiche Cafés und Restaurants im Haus, bei denen man sich nach Sport und Shopping wieder stärken kann. Ein gelungenes Beispiel dafür, wie spielerisch stationärer Handel künftig aussehen kann.

l-t.de

Surfen in Osnabrück? Im Sporthaus L&T können Anfänger und Fortgeschrittene wellenreiten.
Foto: L&T Bildrechte

2. Gourmet-Design

Gastro, Event und Shopping mixen

Immer mehr globale Marken und Retailer erkennen die Wichtigkeit von gastronomischen Angeboten, um das Einkaufserlebnis einzigartig zu machen. Damit aus einer Verkaufsfläche allerdings eine Erlebnisfläche wird, braucht es einen abwechslungsreichen Mix an Lifestyle- und Event-Elementen.

Recess lässt den Besucher in ein psychedelisches Ambiente eintauchen.
Foto: Noah Kalina

Smartphone-Verkauf im „Koffi-Corner“

BEST PRACTICE: SWISSCOM

Mit dem „House of Swisscom“ eröffnete das Schweizer Telekommunikationsunternehmen im Frühling 2018 ein Kompetenz- und Erlebniscenter „der nächsten Generation“: Neben klassischer Verkaufsberatung gibt es im Shop eine Innovationszone, eine Mobile-Cocktail-Bar, an der Zubehör getestet und ausgewählt werden kann, sowie ein integriertes kulinarisches Angebot mit Kaffee, Sandwiches oder Cheesecake. Mit dem eigens kreierten Gastrokonzept „Koffi“ erschließt sich das Unternehmen so einen neuen Absatzmarkt. Eingerichtet ist der Raum im Wohnzimmer-Stil, in dem es sich während der Reparatur eines Gerätes im hauseigenen „Repair Center“ – oder auch einfach nur zum Kaffee – gemütlich verweilen lässt. Zusätzlich werden Kurse zu aktuellen Technik-Neuheiten oder Produkten direkt im Shop im Rahmen der „Swisscom Academy“ angeboten. So vereint Swisscom Verkauf, Genuss und Weiterbildung geschickt an einem Ort.

swisscom.ch

Lifestyle-Drinks zum Entspannen

BEST PRACTICE: RECESS

Kurz entspannen und in eine andere Welt eintauchen – das macht das Start-up Recess in seinem Pop-up-Store in New York möglich. Der Innenbereich des Shops wird von bunten Neonlichtern beleuchtet, die Wände sind mit inspirierenden Zitaten verziert, ein Mini-Zen-Garten lädt zur spielerischen Meditation ein. Zur Erfrischung werden verschiedene Getränke von Recess angeboten. Alle enthalten Hanf-Extrakte zur Beruhigung des Geistes, amerikanischen Ginseng für die Konzentration, L-Theanin zur Stressreduzierung und Schisandra zur Stärkung des Immunsystems. Zudem finden regelmäßig Events und Kurse rund ums Thema Achtsamkeit statt.

takearecess.com

Im House of Swisscom kann man sich beraten lassen, in der Academy weiterbilden, Geräte reparieren lassen – oder einfach nur einen Kaffee genießen.
Foto: Swisscom AG

Das Atelier Beauté von Chanel entführt den Besucher in eine Welt der Düfte.
Foto: CHANEL PR

3. Exklusive Probiershops

Erlebnisse mit allen Sinnen schaffen

Der stationäre Handel hat einen großen Vorteil: Man kann Produkte direkt ausprobieren und mit allen Sinnen erleben. Traditionelle Verkaufsorte werden immer häufiger mit ungewöhnlichen Konzepten der Sinnesansprache kombiniert. So entstehen Geschäfte, die neuartige und exklusive Services anbieten – im besten Fall solche, die Kunden animieren, regelmäßig wiederzukehren.

Luxus pur testen

BEST PRACTICE: Chanel

Sich ganz dem luxuriösen Erlebnis hingeben können – das bietet das „Atelier Beauté“ von Chanel in New York. Beim Betreten des Ateliers erstellt man ein persönliches Profil auf dem Smartphone und kann seine persönlichen Gegenstände wie Handtasche und Jacke in einem Schließfach platzieren, um sich frei bewegen zu können. Um die Düfte in den Mittelpunkt zu stellen, wird auf Verpackungen und Branding verzichtet. Dafür stehen exklusive Berater zur Verfügung, die den Kunden helfen, neue Beauty-Produkte und Styles zu entdecken. Die Parfums werden blind errochen, so dass man sich völlig auf den Duft fokussieren kann. Aus diesem Grund sind sie auch nur nummeriert und tragen keinen Namen. Natürlich können die getesteten Produkte auch im Atelier direkt

Im Store von Sonos gibt's was auf die Ohren – in den Listening Rooms kann sich jeder vom Sound überzeugen lassen.
Foto: Sonos Inc.

erworben oder online bestellt werden. Chanel beschreibt das Atelier Beauté selbst als „open space for learning, creation and community".
atelierbeaute.chanel.com

Den Sound der Stadt hören

BEST PRACTICE: SONOS

Der Pop-up-Store des kalifornischen Lautsprecherherstellers Sonos in Berlin war nicht nur als Verkaufsfläche gestaltet, sondern bot auch Raum für wechselnde Ausstellungen und kulturelle Events. Der temporäre Store lud Musikliebhaber zum gemeinsamen Erleben von Musik und zum Austausch vor Ort ein. Im Laden gab es zwei Listening Rooms, in denen die Lautsprecher ausprobiert werden konnten und sich jeder nach seinen individuellen Vorlieben dem Sound hingeben konnte. Diese Horkabinen wurden von Berliner Künstlern entworfen. Ansonsten fanden sich dort keine typischen Warenauslagen, sondern lediglich „Testexemplare" – einige von ihnen waren auch im Raum verteilt und sorgten für den Sound. Der Store wurde akustisch so angelegt, dass die Klangeigenschaften vergleichbar sind mit denen eines Wohnzimmers. Es ging bei der Gestaltung also nicht um das optimale, sprich künstlich geschaffene, sondern um ein realistisches, pures Sounderlebnis.
sonos.com

4. Playful Logistik-Hubs

Distributionszentrum und Verkaufsort vereinen

Im Wettkampf um die schnellste Lieferung werden Flächen und Orte immer wichtiger, die als neues Logistikzentrum mitten in der Stadt fungieren. Was für den Endkunden zwar auf den ersten Blick wenig relevant erscheint, wird für Händler immer entscheidender. Um den Kunden jederzeit erreichen zu können, versuchen sich Händler an hybriden Flächen, die sowohl als Logistikzentrale wie als lokale Verkaufsfläche funktionieren können.

Schuhladen der nächsten Generation

BEST PRACTICE: **EOBUWIE**

Betritt man den stationären Store des polnischen Online-Schuhhändlers Eobuwie, erinnert kaum etwas an einen klassischen Schuhladen: An den Wänden werden die Shop-Artikel beworben, die man sich auf den bereitstehenden Tablets anschauen und aussuchen kann. Interessiert man sich für ein Paar, werden die Schuhe von Mitarbeitenden direkt aus dem halboffenen integrierten Lager (in dem über 100.000 Paar Schuhe gelagert werden) geholt. In einem separaten Teil des Stores, der bewusst sehr ansprechend und intim gestaltet ist, können die Schuhe dann in aller Ruhe anprobiert werden. Mit dem Konzept will das Unternehmen den Online-Shop in die Fußgängerzone bringen und so neue Kundenkreise erschließen sowie sich von der Konkurrenz abheben. Mit Erfolg: Weitere Shops sind geplant.

eobuwie.pl

Abholstation mit Mehrwert

BEST PRACTICE: **DIGITEC GALAXUS**

Der Schweizer E-Tailer Digitec Galaxus betreibt neben den Online-Shops Digitec (IT, Unterhaltungselektronik und Telekommunikation) und Galaxus (Gesamtsortiment) zehn stationäre Filialen, die Verkaufs-, Beratungs-, Abhol- und Rückgabestelle sowie Showroom zugleich

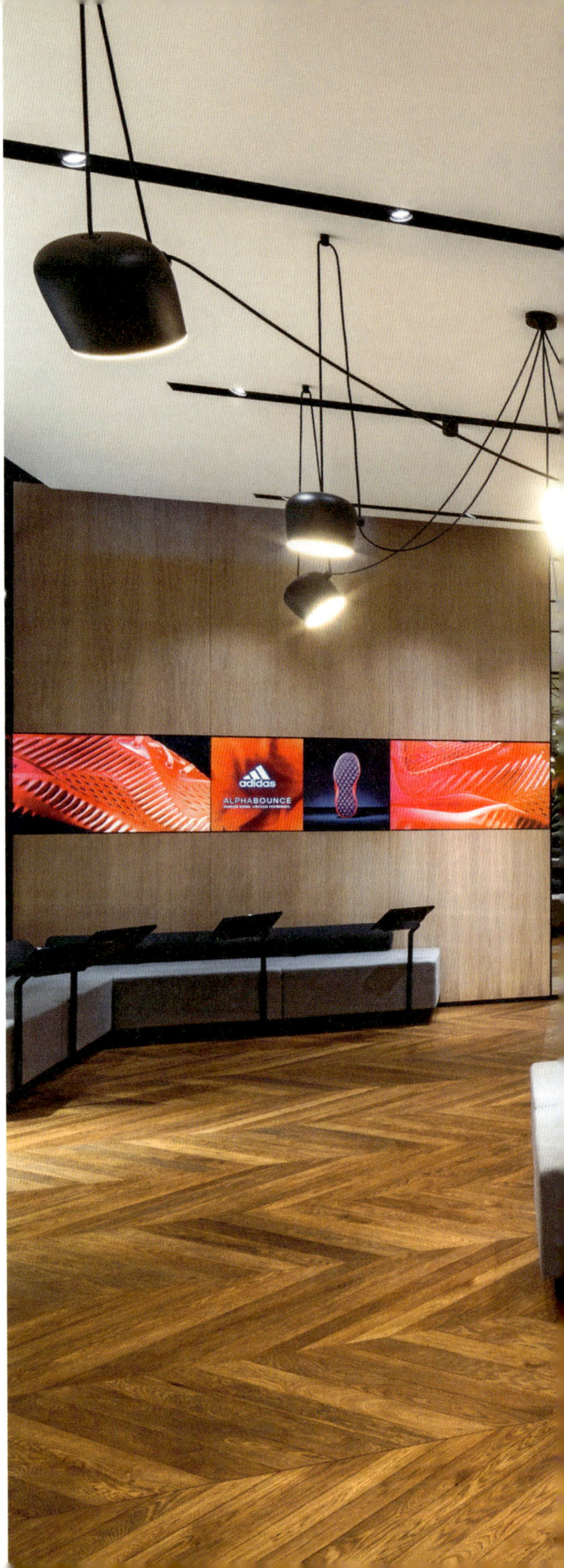

Sich einfach nur setzen, auf den Tablets stöbern und die ausgewählten Schuhe zum Anprobieren gebracht bekommen – das macht der Store von Eobuwie möglich.
Foto: Dalziel & Pow

adidas
ALPHABOUNCE
BOUNCE

Der Schweizer Online-Händler Digitec Galaxus ist mit Läden in Städten präsent, die als Abhol- und Rückgabestationen fungieren, aber auch eine Face-to-Face-Beratung bieten. Foto: Digitec Galaxus AG

sind. Das Unternehmen bietet so, neben einem zentralen Abhol- und Rückgabeort mitten in allen größeren Schweizer Städten, eine „Offline"-Beratung und schafft damit einen Mehrwert für Kunden, die ein Produkt vor dem Kauf im Online-Shop entdecken wollen. In den Showrooms können zusätzlich neueste Produkte – etwa Drohnen oder das angesagteste Smartphone – unverbindlich getestet werden.

galaxus.ch, digitec.ch

Luxusprodukte rund um Cannabis – zu finden im Lifestyle Shop bei Barneys.
Foto: Barneys New York, Inc.

5. Teststätten für Neues

Flächen für Experimente öffnen

Neue Marken, E Retailer und Start-ups sind ständig auf der Suche nach Orten, um sich vorzustellen. Besonders der traditionelle Handel mit großer Verkaufsfläche und Shopping-Center können hierfür der optimale Ort sein, neue Produkte, Sortimente und Marken zu präsentieren. Shop-in-Shop-Lösungen oder temporäre Flächen für trendaffine und experimentierfreudige Konsumenten bieten die perfekte Möglichkeit, jungen, innovativen Produkten und Konzepten eine Bühne zu geben und sich zugleich als Retailer zukunftsorientiert und offen für Neues zu positionieren.

Neue Lifestyle-Produkte

BEST PRACTICE: BARNEYS

Das Luxuskaufhaus Barneys eröffnete im März 2019 in seiner Filiale in Beverly Hills einen Cannabis-Shop mit Luxusprodukten, genannt „The High End". Dass THC- und CBD-Produkte en vogue sind, zeigt das kuratierte Angebot von Kosmetik, Schmuck, Design und Vaporisatoren von Beboe – von der New York Times nicht ohne Grund als „Hermès of Marijuana" (Williams 2017) bezeichnet. Cannabis ist längst zum Lifestyle geworden – und die passenden High-End-Accessoires können künftig nicht nur bei Barneys in L.A., sondern auch in New York, San Francisco und Las Vegas erworben werden.

barneys.com

Bühne für digitale Marken

BEST PRACTICE: SHOWFIELDS

Der Concept Store Showfields in New York bietet Produkten von Online-Brands einen physischen Ort zur Präsentation. Dabei handelt es sich vor allem um Marken aus den Bereichen Kosmetik und Wellness, die ihre ersten Erfahrungen mit dem Brick'n'Mortar-Handel machen. Der Co-Gründer Tal Zvi Nathanel beschreibt Showfields selbst als Bühne und Plattform. Ziel sei es, Marken den direkten Zugang zum Handel und zu den Konsumenten zu ermöglichen. Der Space ist wie ein Labyrinth gestaltet, hinter jeder Ecke kann der Besucher Neues entdecken. Bisher ist der erste Stock der 1.300 Quadratmeter großen Fläche, die sich über vier Etagen erstreckt, geöffnet. So kann man beispielsweise im Space von Cityrow, vor allem für seine Fitness-App bekannt, die Rudermaschine für den Heimgebrauch austesten. Boll & Branch, E-Retailer für Luxusbettwäsche und Matratzen, präsentiert sich in einem Schlafzimmer, dabei wird das Licht der Tageszeit angepasst. Morgens und abends geben zudem Experten Ratschläge rund ums Schlafen. Quip, das Start-up für Zahnbürsten, ist in einem bunt gestalteten Badezimmer zu finden. Für das leibliche Wohl sorgt THRILLS by Chloe. Dort können in Kirmes-Ambiente mit Zerrspiegeln, neonfarbenem Regenbogen und lebensgroßen Avocados die neuesten veganen Produkte wie Dunkaroos und Zuckerwatte, aber auch Sandwiches und Snacks verkostet werden. Künftig soll das Erlebnis noch erweitert werden mit einem Community Loft im vierten Stock und regelmäßigen Workshops und Events.

showfields.com

Showfields bietet Brands und Start-ups Retail-Flächen, um sich zu präsentieren und erste Erfahrungen mit dem stationären Handel zu machen.
Foto: SHOWFIELDS

Trendprognose

Spielerische Erlebniswelten, die den Kunden in eine ganz eigene Welt entführen, werden in Zukunft immer stärker an Bedeutung gewinnen, schließlich konzentriert sich der Handel dabei auf seine grundlegenden Stärken vor Ort – die besondere Beziehung zum Kunden. Künftig heißt es Experience pro Quadratmeter. Menschliche Interaktionen werden dabei ebenso wichtig wie ein Store-Design, in dem man sich wohlfühlt. Während viele Händler noch in der Testphase in Form von Flagship-Stores und erlebnisreichen Pop-up-Stores sind, wird in Zukunft die richtige Balance aus Funktion für den Händler, Kaufanreiz und Erlebnis eine Rolle spielen. Denn selbst das beste Erlebniskonzept im Handel funktioniert nicht ohne den Verkauf.

Boom der Schnäppchentage

Foto: Alibaba Group

03 Event-Shopping

Black Friday, Cyber Monday, Singles' Day – der Handel scheint keine Möglichkeit auszulassen, Kunden mit Rabattaktionen an selbstkreierten Shopping-Tagen zu locken. Und die Konsumenten sind begeistert – noch.

Das Jahresende, wenn Weihnachten vor der Tür steht, war lange Zeit für viele Händler die Hauptsaison im Jahr. Doch inzwischen feiert vor allem der Online-Handel einen neuen, selbst geschaffenen Feiertag: den Cyber Monday. Oder war es doch der Black Friday? Die Zeiten, in denen zweimal im Jahr zum Winter- und Sommerschlussverkauf die Kundenmassen in die Läden stürmten, gehören längst der Vergangenheit an. Der Handel erfindet sich lieber neu – in ausgedachten Feiertagen über das gesamte Jahr hinweg. Inzwischen scheint beinahe jeder Tag ein geeigneter Tag, um Kunden mit Rabatten zu locken.

„Holy Shopping" – das neue Weihnachten der Handelswelt

Der Cyber Monday (der Montag nach Thanksgiving) und der Black Friday (der Freitag nach Thanksgiving) aus den USA, aber auch der Singles' Day (11. November) aus China sind weltweit aktuell die stärksten Shopping-Feiertage, an denen die Preise purzeln und die Kassen klingeln. „Und wenn der Schlussverkauf noch zu weit weg, aber das Lager noch voll ist, wird auch zum ‚Midseason Sale' oder zu ‚Abräumtagen' gerufen", so schrieb das Manager Magazin im November 2018 anlässlich der kommenden Cyber-Shopping-Zeit (Hoffmann 2018). Die neuen Rabatttage entwickeln sich spätestens seit 2018 auch in Deutschland zu regelrechten „Holy-Shopping"-Feiertagen.

Schuld ist der Cyber Monday, der vom Online-Handel in den USA erstmals vor 15 Jahren ins Leben gerufen wurde. Die Idee: Kunden können an diesem Montag mehrere Tagesangebote shoppen. Im Fünf-Minuten-Takt – von sechs Uhr morgens bis 20:15 Uhr – werden neue Deals angeboten. Die Vorfreude und Angst, etwas zu verpassen, war zu dieser Zeit im Jahr 2018 bei den Deutschen deutlich zu spüren. Dieser „Fear of missing out" wird allerdings mittlerweile reichlich begegnet: Denn wenn ein solcher künstlich geschaffener Anlass performt, wird aus einem Tag gerne ein 30-Stunden-Event – oder gleich eine ganze Woche: Die Cyber Week, die allen voran von Amazon befeuert wird.

Black Friday: Teil der Shopping-Kultur in den USA

Event-Shopping hat vor allem in den USA eine lange Tradition, erobert aber erst jetzt Europa und den deutschsprachigen Raum. Der Black Friday, der Freitag nach dem Feiertag zum traditionellen Thanksgiving-Fest, wird bereits seit den 1950er Jahren als Beginn der Weihnachtsshopping-Saison befeuert, obwohl sich die Bezeichnung „Black Friday" erst später etablierte. Dieser Freitag und das anschließende Wochenende waren lange Zeit die geschäftigsten Einkaufstage vor Weihnachten, an denen die Läden und Einkaufsstraßen voller Menschen waren und es zu einem Verkehrschaos in den Städten kam. Der Schwarze Freitag galt in den 1980er Jahren als der Tag, mit dem die Händler nicht mehr rote, sondern schwarze Zahlen schreiben konnten.

Der E-Commerce reagierte auf diesen Shopping-Feiertag des stationären Handels dann Anfang der Nullerjahre mit Rabattaktionen am Montag nach diesem Wochenende, seit 2005 unter dem Namen Cyber Monday bekannt. Inzwischen haben sich diese Tagesangebote erweitert auf die Black Week oder Cyber Week. Weitere typische Rabatttage, die es zu feiern gilt, sind der Boxing Day (26. Dezember), Saint Patrick's Day, Labour Day, Independence Day, President's Day – und es werden immer mehr. Selbstverständlich werden Valentinstag, Ostern, Halloween etc. auch mit entsprechenden Kaufangeboten vorbereitet. In den USA ist das Event-Shopping ein fester Bestandteil der Shopping-Kultur – zwar geht es hierbei auch um Rabatte, aber das Erlebnis und die Vorfreude stehen im Vordergrund: Einkaufen als Happening.

↘ Tipp: Machen Sie nicht das, was alle machen! Informieren Sie sich über die unzähligen Feier-, Gedenk- und Aktionstage, die es national und weltweit gibt, und filtern Sie diese nach Relevanz für Ihr Business. So kann es sinnvoll sein, auf Event-Shopping an solchen besonderen Tagen zu setzen, um eine bestimmte Zielgruppe passgenauer anzusprechen.

Gekauft wird, wenn es zum Event wird

Ein besonderes Ereignis als Shopping-Anreiz hat schon immer gut im Handel funktioniert – und heute umso mehr. Denn der Kunde ist viel zu übersättigt, um auf „normale" Angebote anzuspringen. Inzwischen reichen die Auswahl und der Preis im E-Commerce nicht mehr aus: Online-Kunden brauchen einen Anreiz, der nichts mehr mit dem Produkt zu tun hat und der maximale Vorfreude suggeriert. Die Schnäppchenjagd – zeitlich begrenzt – übt noch immer und vor allem im Online-Shopping einen besonderen Reiz auf viele Konsumenten aus. Event-Shopping treibt das Live-Shopping, bei dem in der Regel nur ein Produkt für kurze Zeit besonders günstig angeboten wird (vgl. Zukunftsinstitut 2008), auf die Spitze.

Dass die Angebote jedoch nicht immer preisgünstiger sind, ist dabei oft nicht ausschlaggebend, das Gefühl alleine reicht. „Der Kunde ist inzwischen so konditioniert, dass er Preisnachlässe erwartet und Käufe dann tätigt, wenn er das Gefühl hat zu sparen", so der Handelsforscher Martin Schulte von der Strategieberatung Oliver Wyman (Firlus 2018). Für Rabatte und Schnäppchen, aber auch eben für dieses Gefühl des Sparens sind die Deutschen durchaus bereit, zu den künstlich geschaffenen Shopping-Tagen in Summe mehr auszugeben. Die FOM Weihnachtsumfrage 2018 ergab, dass sich die Deutschen im Schnitt den Weihnachtseinkauf 472 Euro kosten lassen wollten, knapp sieben Euro mehr als im Vorjahr (ifes 2018). Im November und Dezember nahmen Online-Händler dadurch rund ein Viertel ihres Jahresumsatzes ein, beim Handel gesamt entsprach die Summe etwa einem Fünftel (HDE 2018).

Online-Shopping treibt den Trend auf die Spitze

Vor allem der E-Commerce ist der Umsatztreiber im Weihnachtsgeschäft. Denn anders als in den USA, wo es bereits Tradition hat, am Black Friday in stationären Läden einzukaufen, widmen sich die Deutschen dem Event-Shopping vor allem online: Ein Drittel der Deutschen kauft am Black Friday ausschließlich im Netz ein, in den USA sind es hingegen nur zwölf Prozent. Das ergab eine Online-Umfrage von Periscope (McKinsey 2018). Aus diesem Grund reagieren deutsche E-Tailer mit ausgeklügelten Aktionen rund um den Black- & Cyber-Hype, damit Kunden nicht nur auf Amazon, sondern auch in ihre Online-Shops gelockt werden. So mischte der Hamburger Online-Händler Otto 2018 massiv im Cyber-Week-Geschäft mit. Grund dafür war der hohe Traffic, den der Online-Shop in den vergangenen Jahren verzeichnete. 168 Stunden lang konnten sich die Kunden über die Sonderangebote freuen – und bescherten Otto einen Umsatz von rund 250 Millionen Euro. Die Online-Plattform für Mode und Lifestyle Zalando vermeldete alleine für den Black Friday zwei Millionen Bestellungen, zu Spitzenzeiten gingen mehr als 4.200 Bestellungen pro Minute ein.

Singles' Day: Shopping-Feiertag der Superlative

Dass solche Shopping-Feiertage einen besonders starken Einfluss auf den Umsatz haben, zeigt ein Blick ins Ausland. In Asien steht der 11.11. für ein Shopping-Event der Extraklasse. Insbesondere wegen des chinesischen E-Commerce-Giganten und Amazon-Konkurrenten Alibaba ist der „Singles' Day" zum erfolgreichsten und umsatzstärksten Shopping-Feiertag überhaupt geworden. Alleine Alibaba verzeichnete am 11.11.2018 einen Umsatz von 30,8 Milliarden US-Dollar – hingegen wurden an Thanksgiving, Black Friday und Cyber Monday in den USA gerade einmal 14,2 Milliarden US-Dollar umgesetzt (Essling 2018).

Der Singles' Day ist ursprünglich eine Erfindung der chinesischen Nanjing-Universität aus dem Jahr 1993. Er war den vielen männlichen Singles gewidmet, die als Folge von Chinas Ein-Kind-Politik keine Partnerin finden konnten. Das Datum 11.11. besteht aus vier Einsen und steht symbolisch für das Single-Dasein. Bis heute erfreuen sich die Singles' Day Festivals in China großer Beliebtheit, um neue Freundschaften zu schließen oder auch um den Partner oder die Partnerin fürs Leben zu finden. Inzwischen wird der Tag allerdings auch zum Shopping genutzt und mit zahlreichen Schnäppchen gefeiert. 2018 wurden

BLACK
FRIDAY
25. NOVEMBER
50%
RABATT AUF ALLES*
*ab einem Einkaufswert von mindestens 39 EUR
BLACK
FRIDAY
25. NOVEMBER
50%
RABATT AUF ALLES*
*ab einem Einkaufswert von mindestens 39 EUR

bei Alibaba allein in den ersten zwei Minuten des 11.11. Produkte im Wert von mehr als 1,27 Milliarden Euro verkauft. Black Friday und Cyber Monday erzielten zusammen in Deutschland 1,7 Milliarden Euro Umsatz – an beiden Tagen zusammen (Hoffmann 2018).

In Deutschland ist der Singles' Day noch weitgehend unbekannt. Einige wenige Händler reagierten mit besonderen Aktionen auf den Singles' Day: Media Markt warb mit dem Motto „Wir lassen euch nicht allein", Saturn feiert den 11.11. „mit 111 unwiderstehlichen Angeboten" und Douglas rief den Tag der starken Frauen mit der Kampagne „Real love starts with yourself" aus. Allerdings waren diese Aktionen mit wesentlich weniger Erfolg verbunden als die Cyber Week.

Event-Shopping – das Beste aus beiden Welten

Die Online-Preisaktionen gelten als umstritten und treiben einigen stationären Händlern den Schweiß auf die Stirn. Vor allem in Deutschland dominiert die Angst vor Amazon; deshalb waren viele Händler auch eher zurückhaltend, auf den Hype rund um Black Friday und Cyber Monday aufzuspringen. Im Ausland hingegen sieht man das Event-Shopping eher als Chance, und die Shopping-Feiertage werden auch gerne im stationären Geschäft aufgegriffen. Besonders der Singles' Day und Alibaba zeigen auf beeindruckende Weise, wie der stationäre Handel mit dem Online-Handel verbunden werden kann. 2017 hat Alibaba zu diesem Anlass erstmals 60 stationäre Pop-up-Stores mit Augmented Reality und anderen digitalen Technologien wie Magic Mirrors und Mobile Payment ausgestattet, mit dem Ziel, den Online-Hype auch in die reale Welt zu bringen. 2018 wurde es chinaweit über 200.000 kleinen Nachbarschaftsläden ermöglicht, Online-Verkäufe zu tätigen und Augmented-Reality-Pakete anzubieten. Die Läden sind Teil des New Retail-Programms von Alibaba, das kleinen Händlern technologische Tools zur Verfügung stellt, um ihnen den Sprung in die digitale Welt zu ermöglichen. Daniel Zhang, Geschäftsführer von Alibaba, betonte, dass es den Handelspartnern nicht um den Ausverkauf ging, sondern sie wollten digital werden, sich zu Smart Stores wandeln und den Menschen an diesem Tag eine einzigartige Erfahrung bieten (Preuss 2018). Eingeläutet wurde das „11.11. Global Shopping Festival" (wie es Alibaba selbst nennt) von einer Gala, die live aus Shanghai im TV und auf der Video-Streaming-Plattform Youku übertragen wurde.

Den Hype nutzen: Chance für kleine Händler

Mittlerweile nutzen aber auch in Deutschland immer mehr Händler die Vorteile der Shopping-Feiertage. Inzwischen ist beinahe jedem Online-Marktplatzhändler die Cyber Week ein Begriff, immerhin 30 Prozent kennen den Singles' Day. Auch etwa 36 Prozent gaben an, ihren Kunden während der Cyber Week spezielle Angebote zu machen (eBay/ECC Köln 2017; 2018). Doch nicht nur die Online-Marktplätze profitieren: Eine Studie des Marktforschungsinstituts YouGov und Ingenico, eines Anbieters von Bezahllösungen, kommt zum Ergebnis, dass vor allem kleinere und Nischenhändler große Chancen haben, vom Hype um den Black Friday zu profitieren. Knapp jeder Fünfte in Deutschland, der bereits die Angebote zum Black Friday genutzt hat, möchte gerne bei kleinen Händlern einkaufen (Ingenico 2018). Laut Handelsverband Nord, der die stationären Einzelhändler in Hamburg, Schleswig-Holstein und Mecklenburg-Vorpommern vertritt, sah der stationäre Handel 2018 die vorweihnachtlichen Shoppingangebote positiv. „Die aktuellen Rabattaktionen der Händler sind keine Gegenmaßnahmen, sondern vielmehr eine weitere Möglichkeit, den Verkauf anzukurbeln", so ein Vertreter des Handelsverbands Nord. So haben die Shopping-Feiertage auch in ländliche Regionen Einzug gehalten. In Mecklenburg-Vorpommern, genauer gesagt in Pampow, setzte der Möbelhändler XXXLutz auf die „Black Shopping Week". In dieser Woche erhielten die Besucher 25 Prozent Rabatt auf ausgewählte Artikel online und im Laden (Dittmer 2018).

Shopping bis zum Umfallen: Der Black Friday lockt die Schnäppchenjäger in die Geschäfte.
Foto: mydealz.de/6Minutes Media GmbH

Tipp: Nutzen Sie den Hype von Shopping-Feiertagen und überraschen Sie Ihre Kunden! Nicht mit dem Preis, sondern mit kleinen Aktionen, die von Herzen kommen.

Viel mehr als nur Rabatte

Doch nur auf Rabatte zu setzen, reicht nicht aus. Damit begeben sich Händler in eine Preisspirale, die sich immer schneller dreht und aus der sie nur als Verlierer gegenüber den Big Playern hervorgehen können. Zudem sind Konsumenten zunehmend skeptisch gegenüber Lockangeboten. 42 Prozent der Deutschen glauben, Händler trieben die Preise vorab absichtlich hoch, um dann zum Event-Shopping Rabatte zu gewähren (Ingenico 2018). Eine weitere Untersuchung stellt sogar bereits erste Ermüdungserscheinungen fest: Obwohl Black Friday und Cyber Monday inzwischen bekannt sind, ist das angekündigte Kaufinteresse leicht zurückgegangen: von 48 Prozent im Jahr 2017 auf 44 Prozent im Jahr 2018. Grund hierfür kann die sich verändernde Kaufmotivation sein: Denn immer mehr Konsumenten ist das besondere Shopping-Erlebnis wichtiger als die Rabattaktion (Simon-Kucher & Partners 2018). Aus diesem Grund ist es sinnvoll, dass Händler eine Strategie entwickeln, die ihnen und ihren Werten entspricht: Das kann eine individuelle Ansprache der Kunden sein, ein besonderes Service-Angebot oder eine Veranstaltung im Ladengeschäft. So nutzt beispielsweise der Drogeriemarkt dm den Black Friday und funktioniert ihn zum Giving Friday um: Fünf Prozent des Tagesumsatzes werden an gemeinnützige Projekte gespendet – 2018 kamen knapp 1,5 Millionen Euro zusammen. Unter dem Motto #givingisthenewblack zahlt diese Aktion auf die Glaubwürdigkeit des Unternehmens ein, das den Menschen in den Mittelpunkt seines händlerischen Tuns stellt. Der Outdoor-Händler Globetrotter machte den Black Friday zum Werkstatt-Tag: Kunden konnten an diesem Tag in der Filiale vorbeikommen und ihre Ausrüstung kostenlos reparieren lassen. Das Angebot war begrenzt auf 50 Kunden pro Filiale und stellte Langlebigkeit und Umweltschutz statt Kaufrausch in den Mittelpunkt.

Trendprognose

In regelmäßigen Abständen erfindet der Handel neue Shopping-Feiertage. Zu jeder Jahreszeit wurde mittlerweile ein Feiertag ausgerufen, der die Preise purzeln lässt. Schon heute zeigen sich bei den Konsumenten Ermüdungserscheinungen, wachsendes Desinteresse bis hin zu einer skeptischen Einstellung. Event-Shopping muss künftig mehr sein als nur Schnäppchenjagd und Rabattschlacht: Denn wie der Name bereits verspricht, steht das Ereignis im Fokus. Ziel muss es sein, den Einkauf wieder zu einem besonderen Erlebnis werden zu lassen. Während dies im Tagesgeschäft nicht selten schwerfällt, bietet das Event-Shopping die optimale Möglichkeit, der Fantasie freien Lauf zu lassen und mutige Aktionen zu wagen – vor allem im stationären Handel.

Vom Händler zum Immobilienentwickler

Foto: Migros, Andrea Bauer

04 ImmoTail

Vor allem in Städten gewinnen Mischnutzungskonzepte an Bedeutung. Händlern kommt künftig eine wichtige Rolle bei der Schaffung von neuem urbanem Wohnraum zu.

Wohnen über dem Supermarkt – klingt auf den ersten Blick nicht nach einem Trend. Und doch beinhaltet diese Entwicklung ein Umdenken: Handelsimmobilien werden nicht mehr nur einzig und alleine als Verkaufsflächen genutzt, sondern es entstehen Mischnutzungskonzepte. Bisher war es nahezu undenkbar, über einer Aldi-Markt-Filiale zu wohnen. Warum eigentlich?

Shopping als Teil des Lebens

In zahlreichen Ländern werden Häuser generell mit einer Fläche für Gewerbe im Erdgeschoss gebaut. Früher ging man auch hierzulande zum Tante-Emma-Laden nebenan oder zum Corner Shop um die Ecke. Erst als begonnen wurde, die Städte autogerecht und funktionsentmischt zu bauen, entstand die Trennung von Wohnen und Handel: Man setzte sich ins Auto, um draußen auf der grünen Wiese auf Tausenden von Quadratmetern den Einkauf zu erledigen, und kehrte mit vollgepackten Kisten und Tüten im Kofferraum wieder nach Hause zurück. Vor allem Discounter und SB-Warenhäuser bauten großflächige Konsumtempel, die nur einem Zweck dienten: dem Einkaufen.

Doch diese Zeiten neigen sich dem Ende zu: In Städten sind Autos mehr und mehr unerwünscht; Konsumenten legen verstärkt Wert auf frische statt auf lange haltbare Lebensmittel und gehen somit häufiger shoppen, aber verlassen dafür mit weniger Produkten den Supermarkt. Wocheneinkäufe werden immer seltener – die Vorratskammer wird zum Auslaufmodell und von Kochboxen ersetzt. Über die Hälfte der Deutschen kaufen laut VuMa 2019 mehrmals die Woche Lebensmittel und Getränke ein (IFAK/Ipsos/GfK Media and Communication Research 2018). Das gleiche Muster gibt es beim Kleidungskauf: Das GfK Consumer Panel Fashion kommt zum Ergebnis, dass jeder Befragte innerhalb von zwölf Monaten im Schnitt 22-mal Modeartikel einkauft, also beinahe alle zwei Wochen (Freutel 2019). Längst ist Shopping ein wichtiger Bestandteil unseres Lebens und eine beliebte Freizeitbeschäftigung geworden.

Mischnutzung: Alles unter einem Dach und ganz nah

Kaum verwunderlich, dass der Händler immer näher an seine Kunden ran möchte. Retail-Flächen werden kleiner und zugleich häufiger, der Online-Shop hat rund um die Uhr geöffnet, und zu besonderen Anlässen kommt der Store auch mal zum Kunden, zum Beispiel in Form von Pop-up-Flächen. Der erste Schritt zum ImmoTail-Trend ist die Entwicklung, dass Handelskonzepte immer mehr mit Gastronomie- und Dienstleistungsangeboten zu hybriden Flächen verschmelzen (vgl. auch Zukunftsinstitut 2015, S. 53ff). Sprich: Händler vermieten ihre Flächen unter bzw. mieten sich selbst bei anderen ein und ermöglichen somit gemeinsam ein breiteres Konsumangebot. Vor allem Kauf- und Warenhäuser wandeln sich zu Hybrid Spaces. Im zweiten Schritt werden Handelskonzerne zu Immobilienentwicklern: Sie ergänzen beim Neubau ihre Verkaufsflächen mit Wohnraum (z.B. Studentenapartments, betreutes Wohnen), sozialen Einrichtungen wie Kindertagesstätten, Seniorenheimen oder Schulen und weiteren Gewerbeflächen für Hotels oder Büros. Dies passiert vor allem in Städten und Kommunen, wo Bauland knapp ist und die Grundstückspreise hoch – Stichwort Nachverdichtung.

Urban Discount Shopping & Living

Der Discounter Lidl hat hierfür eigens ein Konzept entwickelt: die Metropolfiliale. Sie kommt mit einem geringen Flächenverbrauch aus (ab 3.000 Quadratmetern möglich, was der Hälfte des bisherigen Flächenbedarfs für Lidl-Filialen entspricht), bietet eine hohe Flexibilität beim Filialbau und eine individuelle Anpassung an das städtische Umfeld. Somit richtet sie sich optimal an den Standortfaktoren aus. Die Metropolfilialen werden als mehrgeschossige Gebäude konzipiert, bei denen sich aufgeständert im ersten Stock die Verkaufsfläche befindet, die man über Fahrsteige von der Straße aus und von den Parkplätzen, die sich ebenerdig darunter befinden, erreicht. Die erste Metropolfiliale Deutschlands ist in Frankfurt im Lyoner Quartier im Bau, ein weiteres Projekt ist im Gallusviertel geplant. Dort sollen auf einer Gesamtfläche von 7.700 Quadratmetern zwei Gebäude errichtet werden: eines mit 40 Wohnungen über der Filiale mit Parkplätzen in der Tiefgarage und im Hof und das zweite als reines Wohnhaus mit 70 Wohneinheiten. Dieses Projekt wird gemeinsam mit der größten Wohnungsbaugesellschaft der Mainmetropole, ABG Frankfurt-Holding, realisiert werden. Im Münchner Stadtquartier Parkstadt Schwabing soll sogar ein fünfgeschossiger Neubau mit einer Mischung aus Einzelhandel, Gewerbe und Büros entstehen. Die gesamte Projektentwicklung liegt in den Händen von Lidl.

Bezahlbarer Wohnraum und soziale Einrichtungen

Mit diesen hybriden Konzepten – vor allem in Großstädten – können sich die Discounter auch einen Imagegewinn erhoffen, denn sie zeigen mit ihren Projekten, dass es ihnen nicht nur um Verkaufsfläche geht, sondern sie auch in bezahlbaren Wohnraum investieren. Aldi hat die Wohnungsnot in Berlin im Visier: Dort will der Discounter 2.000 Wohnungen bauen – wichtig ist ihm hierbei die enge Zusammenarbeit mit den Stadtbezirken und dem Berliner Senat. 30 Prozent davon sollen Sozialwohnungen sein mit einem Mietpreis von 6,50 Euro bis 10 Euro pro Quadratmeter. Neben der Schaffung bezahlbaren Wohnraums engagieren sich die Retailer mit dem Bau einer Kita – wie Lidl bereits in Stuttgart und künftig auch in Hamburg – für mehr Betreuungsplätze von Kindern. In Nürnberg hat der Discounter Norma eine Kindertagesstätte auf dem Flachdach über der Filiale inklusive großem Garten mit Bambuslabyrinth und Wasserspielplatz errichtet. In

Im Lyoner Quartier in Frankfurt entsteht die erste Metropolfiliale von Lidl in Deutschland.
Foto: Lidl

In Berlin-Lichtenberg soll man bald über dem Discounter wohnen können.
Foto: ALDI Nord

Der Schweizer Einzelhändler Migros setzt auf eine hochwertige Ausstattung seiner Wohnungen.
Foto: Migros, Andrea Bauer

Auf dem Dach der Norma-Filiale in Nürnberg bietet ein Outdoor-Bereich den Kindern der Kita viel Platz zum Spielen.
Foto: NORMA

„Niemand baut seine Traumvilla freiwillig auf einem Supermarktdach."

Stephan Koof, Bereichsleiter Expansion Handel, Rewe Group

London entstehen Klassenräume und Outdoor-Flächen für eine Schule über einer Lidl-Filiale.

Experimentierfreude erwünscht

Architektonische Meisterwerke sind diese Erweiterungen rund um die Discounter-Filialen nicht – Funktionalität steht hier klar im Mittelpunkt. Auch gilt es kritisch anzumerken, ob man auch künftig im urban-dichten Raum auf den Einkauf mit dem Auto setzen oder ob nicht eher in alternative Transportmöglichkeiten (Lieferservice, Lastenleihräder etc.) investiert werden sollte. Zumindest können Elektroautos und E-Bikes kostenlos an Schnellladestationen auf den Parkplätzen der neuen Lidl-Metropolfilialen aufgeladen werden. Hinzu kommt das Problem mit der Lärmbelästigung durch die Anlieferung der Waren.

Wer hierbei bereits Erfahrung durch seine zahlreichen urbanen Supermarktkonzepte hat, ist Rewe: Man denke nur an Rewe City oder Rewe to Go. Allerdings gehören dem Konzern weniger als fünf Prozent der Immobilien, in denen sich die Filialen befinden, der Rest ist angemietet (Binder 2018). Seit einigen Jahren entwickelt die Rewe Group auch eigene Objekte. Doch auch für Stephan Koof, Bereichsleiter Expansion Handel bei der Rewe Group, ist klar: „Machen wir uns nichts vor: Niemand baut seine Traumvilla freiwillig auf einem Supermarktdach" (Keudell 2018). Allerdings versucht sich die schweizerische Migros in Bern aktuell an der Entwicklung von Luxuswohnungen – und zieht den Unmut der Bevölkerung auf sich: Das Projekt im Breitenrain-Quartier stieß von Beginn an auf Widerstand. Nun soll im Mai 2019 der Supermarkt eröffnet werden, im September 2019 können die Wohnungen mit hochwertiger Ausstattung bezogen werden. Der Mietzins für eine 3,5-Zimmer-Wohnung liegt umgerechnet bei knapp 2.650 Euro im Monat, für ein 1,5-Zimmer-Apartment werden 1.200 Euro verlangt, mehr als 3.300 Euro kostet eine Wohnung mit 5,5 Zimmern. Zu den Wohnungen der Überbauung kommen eine Arztpraxis und eine Kita. So kann ein Handelskonzern nicht nur Wohnraum schaffen, sondern auch zur Gentrifizierung von Quartieren beitragen – mit all ihren positiven und negativen Auswirkungen.

Neue Strategien der Nachverdichtung

In der Regel geht es Retailern jedoch mit diesen gemischt genutzten Immobilien nicht darum, in den Wohnungsmarkt einzusteigen. Und doch stecken ganz klare wirtschaftliche Interessen dahinter. Stephan Koof von der Rewe Group gibt zu bedenken, „dass in boomenden Metropolen aufgrund der Grundstückspreise eingeschossige Planungen rein für einen Supermarkt oder Discounter – jeweils mit entsprechender Anzahl von Parkplätzen – wirtschaftlich kaum realisierbar sind" (Rewe Group 2018). Es wird immer schwieriger, geeignete Retailflächen zu finden bzw. Genehmigungen für Neubauten zu

Tipp: Denken Sie bei der Planung einer Einzelhandelsimmobilie die Mischnutzung von Beginn an mit. Setzen Sie sich zum Ziel, mit Ihrer Immobilie einen Beitrag zu einem vielfältigen Umfeld zu leisten und das Stadtbild positiv zu beeinflussen.

erhalten. Zwar werden Mischnutzungskonzepte nicht bevorzugt, doch die Argumente dafür sind schlagender, wenn Wohnraum benötigt wird. Diese gemischt genutzten Handelsimmobilien stellen eine neue Art der Nachverdichtung in Städten dar.

Kooperationen entscheidend

Der Einfluss der Städte wächst (siehe dazu auch Zukunftsinstitut 2018): Bürgermeister und Lokalpolitiker entscheiden, mit welchen Organisationen und Unternehmen sie zusammenarbeiten – vor allem wirtschaftsstarke Städte können sich ihre Partner aussuchen und sie üben Druck auf ansässige Unternehmen aus. Inzwischen haben bereits zahlreiche Großstädte in Deutschland prüfen lassen, ob und wie viele eingeschossige Gebäude des Lebensmitteleinzelhandels überbaut werden können – häufig muss allerdings aus statischen Gründen der alte Supermarkt abgerissen und ein Neubau errichtet werden. Beim „Supermarktgipfel" forderte der Berliner Senat eine bessere Grundstücksnutzung: Die Analysen der Senatsverwaltung für Stadtentwicklung und Wohnen identifizierten 330 solcher eingeschossiger Bauten, die sich für eine mehrgeschossige Bebauung eignen würden. Somit könnten in Berlin bis zu 33.000 neue Wohnungen über Supermärkten geschaffen werden (Senatsverwaltung für Stadtentwicklung und Wohnen 2017). In Frankfurt – wo per se bereits gerne in die Höhe gebaut wird – kam das Planungsdezernat der Stadt immerhin noch auf 19 vielversprechende Standorte, auf denen mehr als 1.000 Wohnungen entstehen könnten (Obertreis 2018). Kooperationen sind für zukunftsfähige Einzelhandelskonzepte in den hoch verdichteten Städten das A und O. Davon ist auch Stephan Koof überzeugt: Das Unternehmen arbeitet bei solchen Projekten mit „Hotel- oder mit Wohnungsprojektentwicklern" zusammen, die „ihren Markt, den Bedarf, die Möglichkeiten" kennen. „Nahezu immer sind auch die jeweiligen Kommunen eingebunden" (Keudell 2018).

Der Trend zum ImmoTail macht klar: Wo Wohnraum knapp ist, sind auch die Einzelhandelsmieten hoch und neue Standorte rar. Wohnen und Einkaufen sind eng miteinander verwoben. Nur gemeinsam können ganzheitliche und nachhaltige Lösungen gefunden und entwickelt werden.

Trendprognose

Die Zeiten von starren Store-Konzepten sind vorbei – Händler müssen ihre Verkaufsflächen dem Standort und seinen Bedingungen anpassen. Die wachsende Macht der Städte ist hierbei nicht zu unterschätzen. Wer als Einzelhändler weiter expandieren will, ist angehalten, von Beginn an Mischnutzungskonzepte mitzudenken. Bereits existierende Standorte müssen revitalisiert werden, um nicht als Enfant terrible des stationären Einzelhandels kostbare Flächen zu vergeuden. Der Trend zum ImmoTail zeigt, dass Händler ihre Standorte nicht mehr losgelöst vom Umfeld entwickeln können. Zugleich trägt diese Entwicklung zu bunteren und vielfältigen Stadtvierteln bei.

Bezahlen im Vorbeigehen

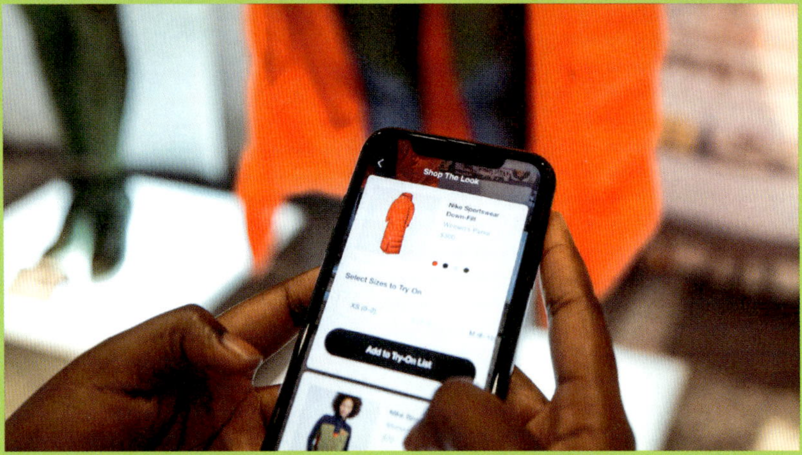

Foto: Nike

BEST PRACTICE:

CARREFOUR ROMANIA, S. 59
ABN AMRO BANK, S. 60
COSTA COFFEE UND BARCLAY, S. 61
MASTERCARD, S. 61

05 Cashfree Retail

Spätestens mit Amazon Go ist das Bezahlen ohne Bargeld oder Karte zum Trend geworden. Ob per App, Fingerabdruck oder Wearable: Innovative Konzepte zeigen, wie in Zukunft gezahlt werden kann.

Aus dem Regal direkt in die Tasche: Was früher einem Ladendiebstahl gleichgekommen wäre, wird heute als Revolution des Einkaufens gefeiert. Ein Treiber dieser Revolution ist Amazon, das mit seinem kassenlosen Supermarkt Amazon Go weltweit für Aufsehen sorgt. Während viele Händler noch prüfen, wie sie die Wartezeit an der Kasse oder den digitalen Kaufprozess über klassische Anbieter beschleunigen können, ist Amazon längst einen Schritt voraus. Kunden sollen ungestört das Einkaufserlebnis genießen können, ohne sich überhaupt ums Bezahlen kümmern zu müssen.

Automatisiertes Bezahlen auf dem Vormarsch

Möglich macht das eine App, mit der sich die Kunden am Eingang identifizieren und die mit ihrem Amazon-Konto verknüpft ist. Sensoren und Kameras registrieren, welche Einkäufe getätigt werden. Sechs solcher Filialen betreibt Amazon bereits in den USA, bis 2021 soll die Anzahl auf 3.000 Stores steigen. Doch auch andere Unternehmen experimentieren mit neuen Bezahlmethoden. 7-Eleven beispielsweise hat als erste große Convenience-Store-Kette in 14 US-amerikanischen Geschäften einen mobilen Self-Check-out eingeführt. Um die Funktion „Scan & Pay“ nutzen zu können, müssen Kunden die App von 7-Eleven installieren und dem Treueprogramm 7Rewards beitreten.

Automatisiertes Bezahlen ist ein Thema, mit dem sich die Handelslandschaft seit einiger Zeit immer mehr beschäftigt – sei es per Smartwatch, Fingerabdruck oder „unsichtbarem Bezahlen“ wie bei Amazon Go. Die Möglichkeiten sind vielfältig. Das Handelsblatt fasst die aktuellen Entwicklungen treffend zusammen: „Rund 2.500 Jahre nach Erfindung des Münzgelds und etwa 1.000 Jahre nach dem ersten Geldschein wird das Bargeld mit großer Macht und hoher Geschwindigkeit aus unserem Alltag verdrängt“ (Schneider et al. 2018).

Den Anfang machte Fernost

Während alternative Bezahlmethoden in Deutschland noch relativ neu sind, gehört Bargeld in China schon fast der Vergangenheit an. Die Marktforscher von eMarketer gehen davon aus, dass knapp die Hälfte der Chinesen Mobile Payment nutzen (eMarketer 2018). Laut Berechnungen des Marktforschungsunternehmens Ipsos tätigen über 90 Prozent der mobilen Internetnutzer auch Zahlungen mit dem Smartphone. Grund dafür ist der Mangel an Alternativen zum Bargeld: Will man in China beim Imbissverkäufer oder Blumenhändler bezahlen, geschieht dies in aller Regel mobil über einen der zwei größten Bezahldienste Alipay oder WeChat Pay. In China liegt die Penetrationsrate von Alipay und WeChat Pay zusammen bei 87 Prozent (Ipsos 2018). Alipay gibt es seit 2004 und es hat sich seither zu einer Plattform entwickelt, über die Nutzer viele Aspekte ihres Lebens steuern können – so etwa auch Taxibestellungen. WeChat Pay ist in dem gleichnamigen Chat-Programm integriert und bietet Bezahlen ebenfalls als eine von mehreren Funktionen an.

Ein sensibler Punkt der mobilen Bezahldienste ist seit jeher der Datenschutz; bei jeder Transaktion werden Kundendaten gespeichert. Während etwa der chinesische Staat Zugriff auf solche Daten hat – und ihn auch aktiv nutzt, um etwa nach politischen Gegnern zu fahnden –, erscheint dieses Risiko in Deutschland und anderen europäischen Ländern durch die rechtlichen Regelungen zum Datenschutz und nicht zuletzt die europäische Datenschutz-Grundverordnung überschaubar.

Skandinavische Länder wie Schweden und Dänemark, wo das Vertrauen in den Staat traditionell hoch ist, sind beim digitalen Bezahlen bereits auf Chinas Spuren. Experten rechnen damit, dass das Ende des Bargelds in diesen Ländern naht. In Deutschland herrscht dagegen eher Zurückhaltung, wenn es um neue Bezahlformen geht. Mehr als die Hälfte der Bundesbürger kann sich einer Umfrage des Digitalverbands Bitkom zufolge nicht vorstellen, auf Münzen und Scheine zu verzichten (Bitkom 2019a). Doch zeigen Entwicklungen und Ideen, in welche Richtung das Bezahlen in Zukunft gehen wird.

Offenheit gegenüber biometrischen Bezahlverfahren

Besonders biometrisches Bezahlen gewinnt in Deutschland an Relevanz. Die inzwischen recht zuverlässigen und bequemen Fingerabdrucksensoren und Gesichtserkennungs-Methoden moderner Smartphones von Samsung, Huawei, Apple & Co. steigern offensichtlich auch in Deutschland die Akzeptanz für biometrische Authentifizierungsverfahren: Ein Großteil der Deutschen würde mittlerweile gern Einkäufe per Fingerabdruck oder Iris-Scan statt mit PIN oder Unterschrift bezahlen. Und die Bereitschaft, solche biometrischen Merkmale geschäftlich einzusetzen, wächst spürbar. Demnach würden laut einer Umfrage aus dem Jahr 2019 86 Prozent der Deutschen Bezahlvorgänge gerne per Fingerabdruck autorisieren, wie es mit vielen Smartphones heute schon möglich ist. Im Vorjahr hatten das nur 80 Prozent der Befragten angegeben. Auch der Anteil jener, die gern per Iris-Scan bezahlen würden, ist gewachsen: von 38 auf nun 45 Prozent (Bitkom 2019b).

In Asien finden sich bereits zahlreiche Angebote auf dem Markt. In ausgewählten Supermärkten von Alibaba und ersten KFC-Restaurants lässt sich bereits seit 2017 mit Alipays Gesichtserkennungssoftware Smile to Pay bezahlen, die auf sogenannten Smart Sensors beruht. Die Zahlung wird nach einem Lächeln in die Smartphone-Kamera ausgelöst (Brennan 2017). Auch in der Einkaufsstraße Wuma in der chinesischen Stadt Wenzhou können die Konsumenten seit Anfang 2019 per Facial Recognition

Der In-App-Service Travel Guide von Alipay bringt chinesischen Touristen die Geschichte und die Kultur des Viktualienmarktes in München näher. Zudem können die Besucher ihre Einkäufe auf dem Traditionsmarkt direkt via Alipay bezahlen.
Foto: obs/Alipay

bezahlen. Hierfür benötigen die Käufer keine App – ein Blick in die Kamera der Tablets, die in mehr als 20 Läden der hochfrequentierten Einkaufsstraße installiert und mit dem Bezahlsystem Dragonfly von Alipay ausgestattet sind, reicht aus. Es geht vor allem um Schnelligkeit – in weniger als zehn Sekunden soll bezahlt werden können. Die Stadt kooperiert bereits seit 2015 mit Ant Financial, dem Unternehmen hinter Alipay, um eine „smarte Business Area" zu entwicken (Hong'e 2019).

Auch wenn es schwerfallen mag, sind deutsche Händler gut beraten, sich der asiatischen Innovationsfreudigkeit nicht gänzlich zu verschließen: „Chinesische Touristen sind eine der lukrativsten und am schnellsten wachsenden Zielgruppen für deutsche Händler", sagt Sven Spöde von der Digitalagentur Storymaker, die auch Marketing-Partner von Alipay und WeChat in Deutschland ist (Bremer 2018). Einzelhändler wie Rossmann, der Münchner Flughafen oder das Münchner Kaufhaus Breuninger akzeptieren über den deutschen Zahlungsanbieter Wirecard bereits WeChat-Pay- und Alipay-Zahlungen.

Zahlen mit Gesichtsscan

BEST PRACTICE: CARREFOUR ROMANIA

In Rumänien testet der Lebensmittelhändler Carrefour die Bezahlung mit Facial Recognition. Die Kunden im Skanska Supermarkt in Bukarest können seit Februar 2019 ganz einfach mit einem Lächeln an den Kassen bezahlen. Dem Test ging eine Einführung des biometrischen Bezahlsystems in China voraus, bei dem Konsumenten vorab ihre Face-ID über WeChat anmelden. In Shanghai hat Carrefour bereits einen Smart Store mit weiteren digitalen Services erfolgreich aufgebaut.

carrefour.com

Tipp: Damit das Cashfree-Bezahlen reibungslos funktioniert, braucht es nicht nur die geeignete Technologie, sondern auch geschultes Personal. Investieren Sie deshalb vor allem auch in die Schulung der Mitarbeiter, sodass diese die möglichen Bezahlverfahren kennen, den Kunden aktiv anbieten und bei Fragen mit Rat und Tat zur Seite stehen können.

Kooperationen von Banken und Händlern

In Europa steckt die Entwicklung des virtuellen Bezahlens im Vergleich zu Asien und den USA noch in den Kinderschuhen. Es zeigt sich vor allem eine Zurückhaltung gegenüber Ideen, die ohne die – zumindest vermeintliche – Sicherheit traditioneller Banken funktionieren. Als Hauptgrund gilt die Sicherung der Daten durch vertrauenswürdige nationale Institutionen. Nicht umsonst arbeiten große Unternehmen wie die Post, die Deutsche Bank oder die Sparkasse an umfangreichen Identifizierungssystemen, deshalb sind Kooperationen mit Banken eine zukünftige Maßnahme des Cashfree-Zahlens. Besonders das kontaktlose Bezahlen mit Debit-Karte ist dadurch mittlerweile gang und gäbe. Die Debit-Karte muss dabei nur kurz an ein Kassenterminal gehalten werden, und schon ist der Betrag abgebucht. Der Hauptverband des Deutschen Einzelhandels schätzt, dass mehr als 600.000 von rund einer Million Kassenterminals in Deutschland für die NFC-Technik freigeschaltet sind (Preißler 2018). Doch mit dem steigenden Wunsch der Kunden, nicht mehr Schlange zu stehen und keinen weiteren Aufwand zu haben, werden auch hier die Ideen kreativer und vor allem nahtloser.

Zahlungen per Wearable

BEST PRACTICE: **ABN AMRO BANK**

Die niederländische Bank ABN Amro Bank nutzt Wearables als neues Zahlungsmittel. Bei den Wearables handelt es sich um Smartwatches von Garmin, smarte Ringe von K Wearables und Fitnessarmbänder von Fitbit, in die jeweils ein Chip zum Bezahlen integriert ist. Nutzbar sind diese neuen Kreditkarten in Accessoires-Form an allen NFC-Kassen und bis zu einem Betrag von 250 Euro. Die Wearables sind direkt mit dem Bankkonto verknüpft und mit einer PIN, die an den Kassen vor Ort bei einem Betrag von über 25 Euro eingegeben werden muss, zusätzlich gesichert.

abnamro.nl

Unkompliziert per smartem Ring am Finger bezahlen – die ABN Amro Bank macht's möglich. Foto: ABN AMRO, Fotografin: Titia Hahne

Der Kaffee bezahlt sich im Becher selbst.
Foto: Costa Coffee and Barclaycard

Der clevere Kaffeebecher

BEST PRACTICE: COSTA COFFEE UND BARCLAY

Barclaycard kooperiert mit der Kaffeekette Costa Coffee, um wiederverwendbare Kaffeebecher zum Zahlungsmittel zu machen. Die „Clever Cups" haben einen integrierten Zahlungschip, der mit einem persönlichen Guthaben aufgeladen und an NFC-Kassen in Großbritannien eingesetzt werden kann. Eine zusätzliche App von Barcleycard zeigt die Ausgaben und den aktuellen Stand, sodass der Kaffeetrinker rund um die Uhr eine Übersicht über sein Guthaben hat und es jederzeit wieder aufladen kann. Die Software ist dabei die bestehende „bPay by Barclaycard"-Technologie für kontaktloses Zahlen. Falls man weniger oder keinen Kaffee mehr trinken möchte, kann der Chip jederzeit deaktiviert werden.

home.barclaycard

Virtuelles 360°-Grad-Shopping

BEST PRACTICE: MASTERCARD

Der Zahlungsanbieter Mastercard schafft zusammen mit dem Retail-Technologieunternehmen Next Retail Concepts ein virtuelles 3D-Shoppingerlebnis. Ähnlich wie bei der Nutzung von Google Street View, können die Kunden virtuell im Geschäft herumlaufen und die Modekollektionen des ersten Kooperationspartners, des amerikanischen Fashion-Retailers Fred Segal, näher betrachten und einkaufen. Die Plattform wurde im Dezember 2018 auf einem groß angelegten Event der Lifestyle-Plattform Refinery29 vorgestellt und gelauncht. Bezahlt wird ebenfalls online. Bei einem Einkauf von 200 Dollar gibt Mastercard einen Gutschein an die Kunden weiter.

mastercard.com, nextretailconcepts.com, fredsegal.com

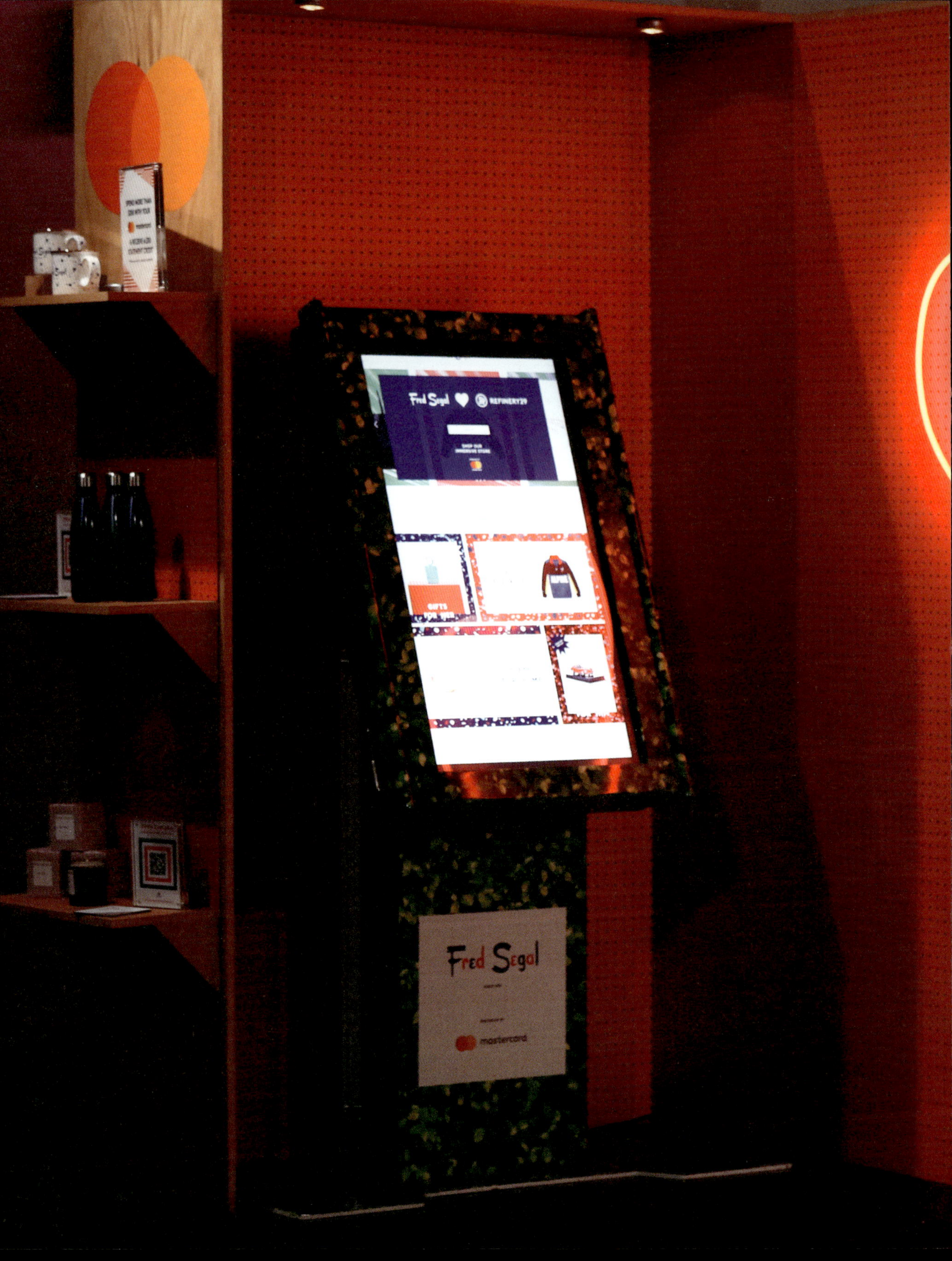
Fred Segal
REFINERY29
SHOP OUR IMMERSIVE STORE
Fred Segal
mastercard

Mobile Payment als Ausgangspunkt für neue Servicekontakte

Dank der steigenden Akzeptanz von bargeldlosen Bezahlmethoden über Debit- und Kreditkarten hinaus können Händler und Marken neue Touchpoints zum Kunden erobern. Über Apps, in die Bezahlmethoden integriert sind, aber auch mit Bezahl-Apps von Finanzdienstleistern oder Banken können weitere Shoppingerlebnisse ermöglicht werden. Nach dem Vorbild von Alipay und WeChat Pay könnten solche Apps zu den Bezahlfunktionen auch Restaurantempfehlungen geben, Shopping-Rabatte bieten und viele weitere Dienste integrieren – also letztendlich zum Alltagsbegleiter werden.

Chinesische Anbieter haben aktuell einen immensen Vorsprung bei der Verknüpfung von Mobile Payment und Lifestyle-Plattform, doch aktuell sind Alipay und WeChat Pay nur von Personen nutzbar, die ein Bankkonto in China haben und einen chinesischen Pass besitzen – noch. Denn inzwischen sind Alipay und WeChat Pay auf Expansionskurs in Europa, um chinesischen Touristen das Bezahlen über ihren Dienst bei Händlern europaweit zu ermöglichen. Es scheint nur eine Frage der Zeit, bis die Dienste auch für europäische Nutzer geöffnet werden. Hierzulande stehen allerdings Sicherheit und Datenschutz im Fokus, diese sind die Grundvoraussetzung für die Nutzung solcher Apps.

„Google Pay löst ein Problem, das es nicht gibt.“

Maik Klotz, Experte für mobiles Bezahlen

Präsentiert wurde das virtuelle Shoppingerlebnis von Fred Segal zum ersten Mal bei einem Event der Medienplattform Refinery29 in Los Angeles.
Foto: Christopher Polk for Mastercard

Die neueste Technologie im Store – das bietet das House of Innovation 000 von Nike.
Foto: NIKE

Seit 2018 ermöglichen Apple und Google mit ihren Pay-Funktionen in Deutschland das kontaktlose Bezahlen via Smartphone. Der Start von Apple Pay Ende 2018 in Deutschland gilt als „Riesenerfolg", zahlreiche Banken kooperieren mit dem Tech-Giganten. Inzwischen können Nutzer des Zahlungsdiensts Paypal ihren Account der App Google Pay hinzufügen – und so in Läden mit ihrem Android-Mobiltelefon im Vorbeigehen bezahlen. Doch Maik Klotz, Experte für Banking, Payment und Retail, merkt kritisch an: „Google Pay löst ein Problem, das es nicht gibt." Kontaktloses Bezahlen sei heute schon mit Debit- und Kreditkarten einfach möglich, da sei der Anreiz fürs Bezahlen mit dem Mobiltelefon gering (Hegemann 2018). Hierbei kann der Schritt in Richtung Lifestyle-Plattform statt nur Bezahl-App eine für alle Seiten gewinnbringende Entwicklung sein. Markus Eichinger, Executive Vice President bei Wirecard, ist davon überzeugt, dass genau diese „Mehrwerte künftig über den Erfolg einer Bezahl-App entscheiden" (Kühn/Schalk 2019).

Instant Paying

BEST PRACTICE: NIKE

Der Sportartikelhersteller Nike eröffnete 2018 das „House of Innovation 000" inklusive passender App, um ein maximal einfaches und kontaktloses Einkaufen und Bezahlen für seine Kunden anzubieten. Die App enthält mehrere Features, die vor Ort den Einkauf erleichtern. Mit dem „Shop the Look" können Kunden beispielsweise das Outfit der Schaufensterpuppen in ihrer App anzeigen lassen. Die ausgewählten Produkte werden dann direkt in die Umkleidekabine geliefert, können mit einem Klick bezahlt und im Pick-up-Bereich mitgenommen werden.

nike.com

Trendprognose

Die zunehmende Beliebtheit digitaler Verfahren ändert die Art und Weise, wie Kunden über das Bezahlen denken. Der Bezahlvorgang rückt immer stärker in den Hintergrund und das Shoppingerlebnis gewinnt an Bedeutung. Stationäre Händler in aller Welt befinden sich im Wandel: Von Orten, an denen man einkauft, zu Orten, an denen man etwas erlebt, lernt – oder spielt. Gerade im „Bargeld-Land" Deutschland können sich Händler einen Vorteil verschaffen, indem sie sich schon heute neuen Technologien und Bezahlmethoden öffnen. Einerseits, um eine internationale Kundschaft anzusprechen, andererseits, um dem unumgänglichen Wandel vorzugreifen. Denn: Ein Blick in die Statistiken zeigt, dass dieser Umbruch auch hierzulande geschieht – wenn auch langsamer und zurückhaltender als in anderen Ländern. Kontaktloses Bezahlen via Karte und Mobiltelefon ist dabei der erste Schritt zum Cashfree Retail, biometrische Verfahren ermöglichen das Bezahlen dann im wahrsten Sinne im Vorbeigehen.

Infografik

Retail-Zahlen

Die Retail-Zahlen dienen dazu, die Trends und Thesen im vorliegenden Report zu validieren. Zudem sind die wichtigsten Fakten der Handelslandschaft in Deutschland anschaulich zusammengestellt, sodass sie auf einen Blick erfasst werden können.

Handelslandschaft Deutschland

Umsätze in Deutschland

Umsatz im Einzelhandel* in Deutschland 2000–2019 (in Milliarden Euro)

* Einzelhandel ohne Kfz, Tankstellen, Brennstoffe, Apotheken

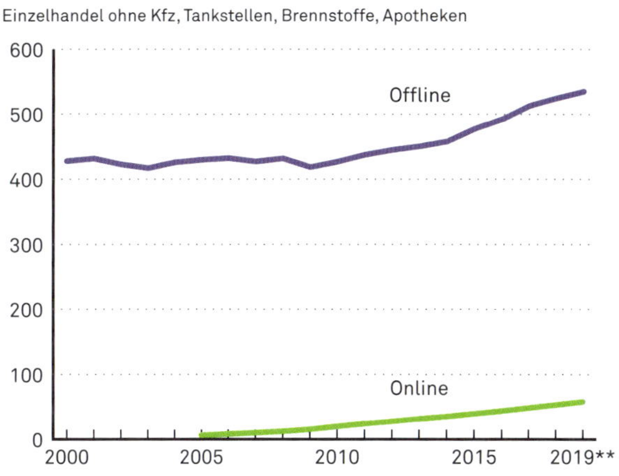

Quelle: HDE, **HDE-Prognose 2019, 2019

Veränderung des Einzelhandelsumsatzes* zum Vorjahr 2000–2019 (in Prozent)

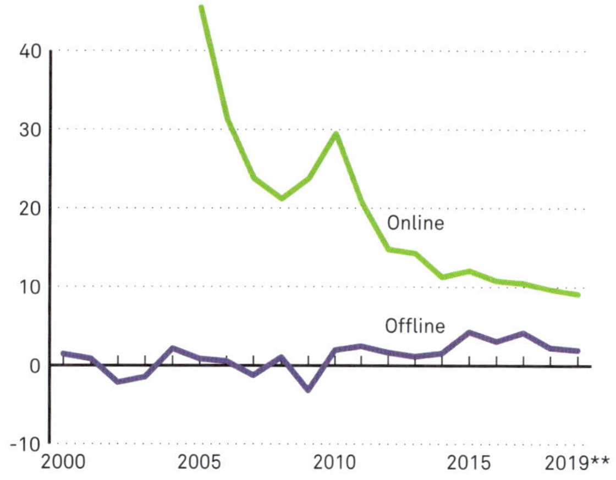

Quelle: Statistisches Bundesamt, HDE-Berechnungen, **HDE-Prognose 2019, 2019

Handel im Wandel – Gewinner und Verlierer

Einzelhandelsumsatz in Deutschland nach Vertriebsformen von 2000 bis 2017 (in Prozent)

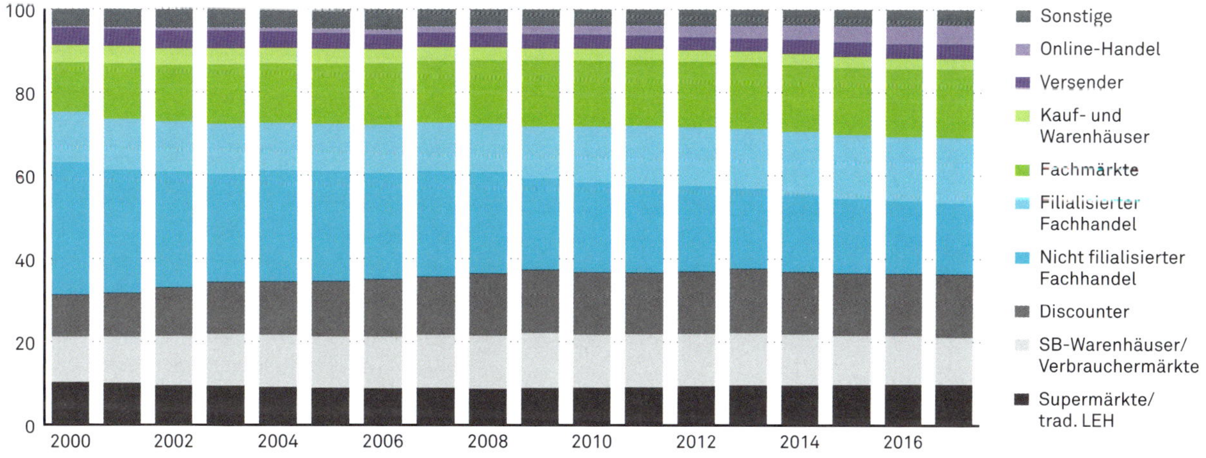

Quelle: HDE, 2018

Knapp ein Drittel wird im Handel ausgegeben

Anteil des Einzelhandels an den privaten Konsumausgaben in Deutschland von 2000 bis 2017 in Prozent

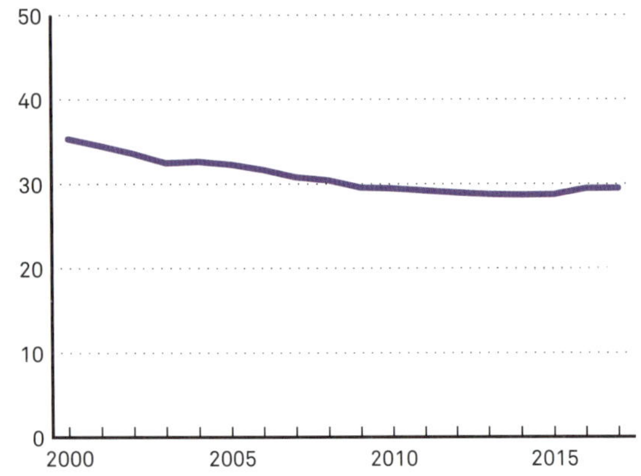

Quelle: HDE; Statistisches Bundesamt, 2018

Immer weniger Händler

Anzahl der Unternehmen im Einzelhandel in Deutschland von 2002 bis 2016 (in Deutschland)

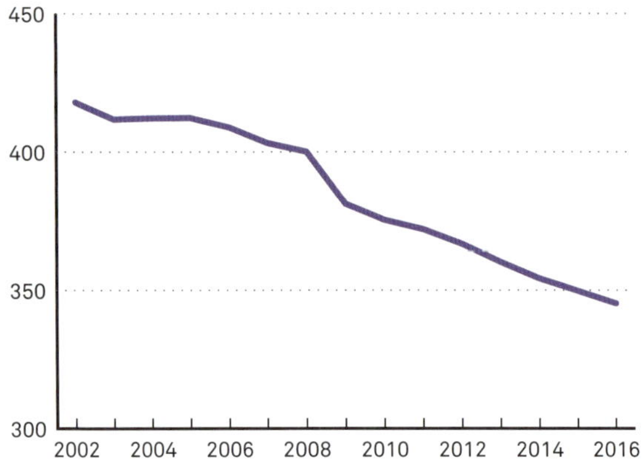

Quelle: Statistisches Bundesamt, 2018

Mehr Beschäftigte im Einzelhandel...

Anzahl der Beschäftigten im Einzelhandel in Deutschland von 2004 bis 2017 (in Millionen)

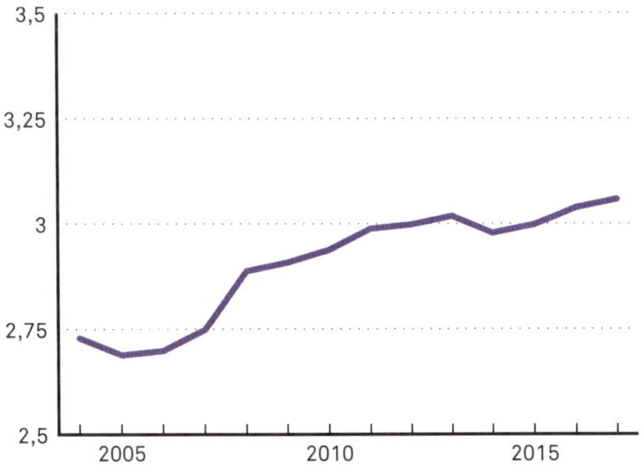

Quelle: Bundesagentur für Arbeit; HDE, 2018

...in Teilzeit

Anzahl der Beschäftigten im Einzelhandel in Deutschland nach Beschäftigungsform von 2004 bis 2017 (in Millionen)

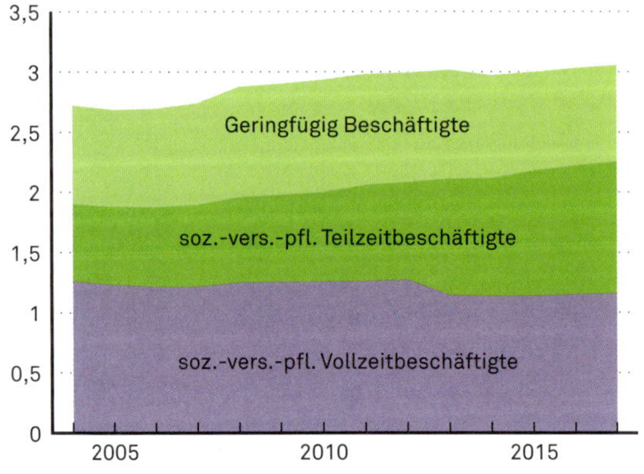

Quelle: Bundesagentur für Arbeit; HDE, 2018

Einzelhandel kein attraktiver Arbeitgeber mehr

Auszubildende/Lehrlinge im Einzelhandel in Deutschland und Österreich von 2002 bis 2017

Deutschland

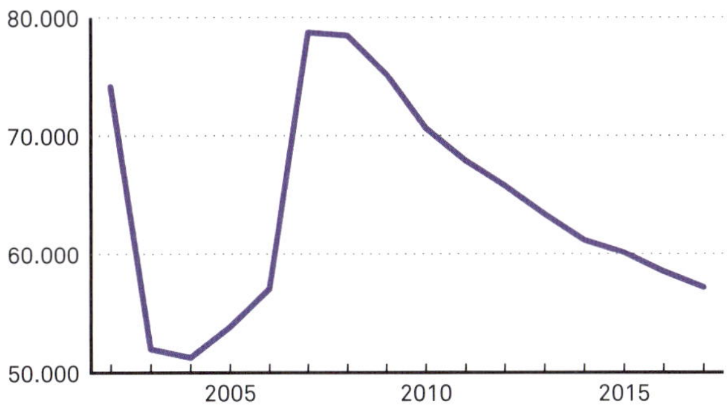

Quelle: Statistisches Bundesamt, 2018

Österreich

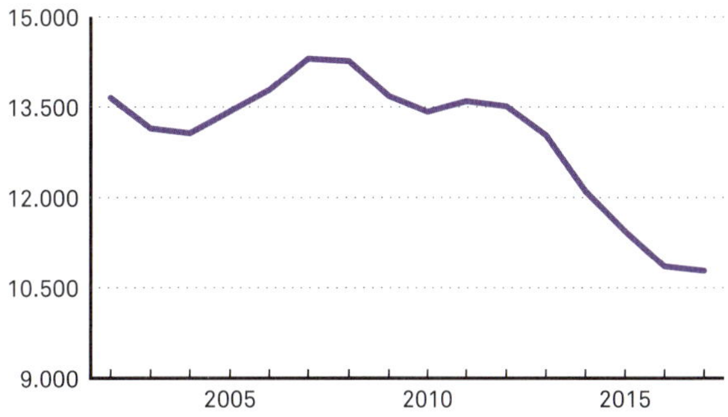

Quelle: WKO, 2017

Wachstumsmarkt Einzelhandel

Umsatz im Einzelhandel in der EU nach Ländern (in Millionen Euro)

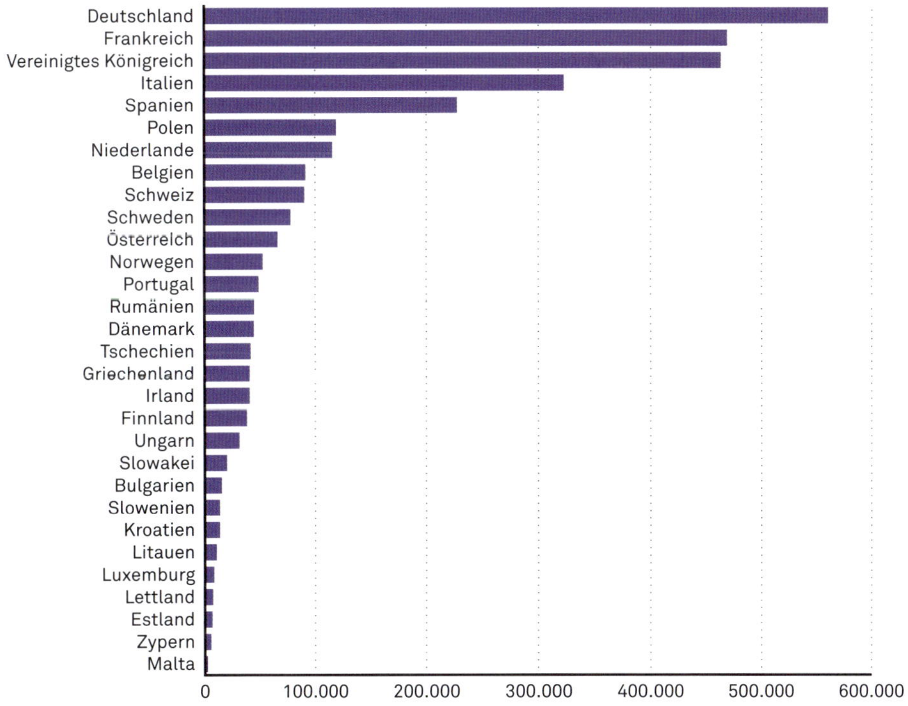

Quelle: Eurostat, 2019

Die Top-10

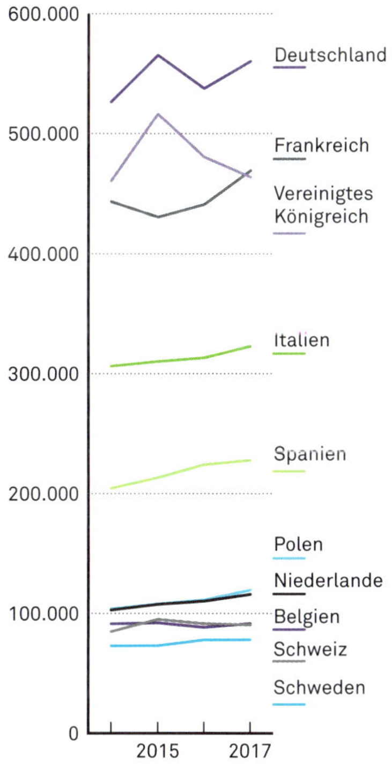

Verkaufsflächenwachstum stagniert

Verkaufsfläche im Einzelhandel in Deutschland
(in Millionen Quadratmeter)

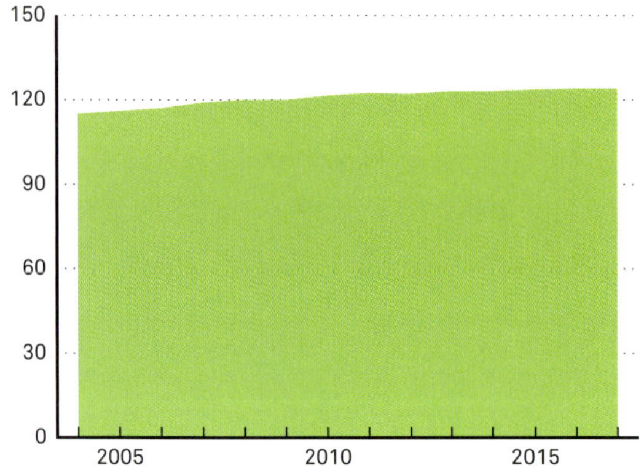

Quelle HDE, 2018

Flanieren immer weniger beliebt

Veränderung der Besucherfrequenz im Einzelhandel in Deutschland von Dezember 2016 bis Dezember 2018 (gegenüber dem Vorjahresmonat)

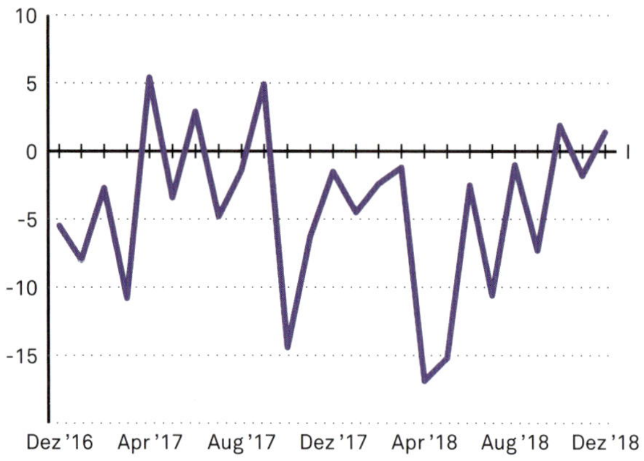

Quelle: Tyco Retail Solutions, 2019

Wieder steigende Flächenproduktivität

Umsatz je Quadratmeter Verkaufsfläche im Einzelhandel in Deutschland in den Jahren 1970 bis 2017
(in Euro)

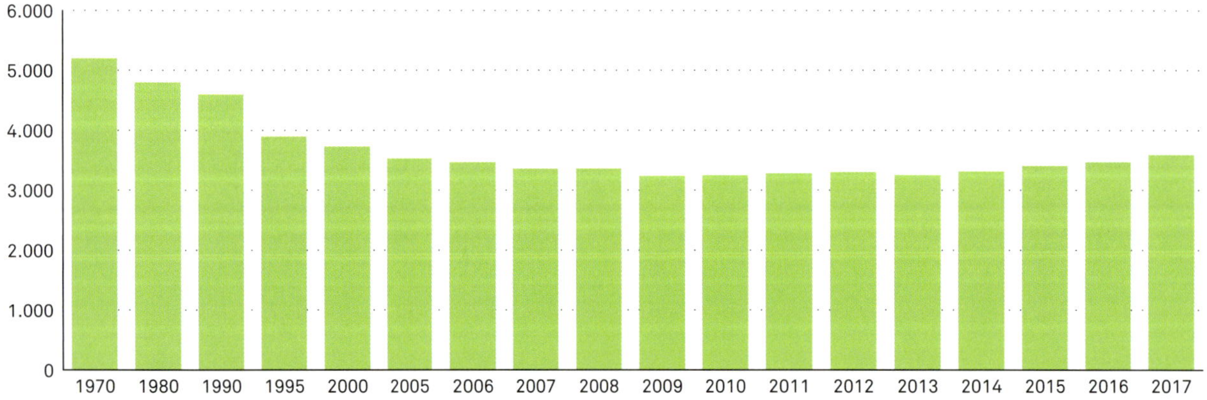

Quelle HDE, Statista, KPMG, bevh, 2019

Künstliche Intelligenz

Creepy oder smart? Akzeptanz von KI im Handel in Deutschland

Welche der nachfolgend aufgeführten Ideen rund um den Kauf von Produkten oder Lebensmitteln könnten Sie sich vorstellen zu nutzen? (in Prozent)

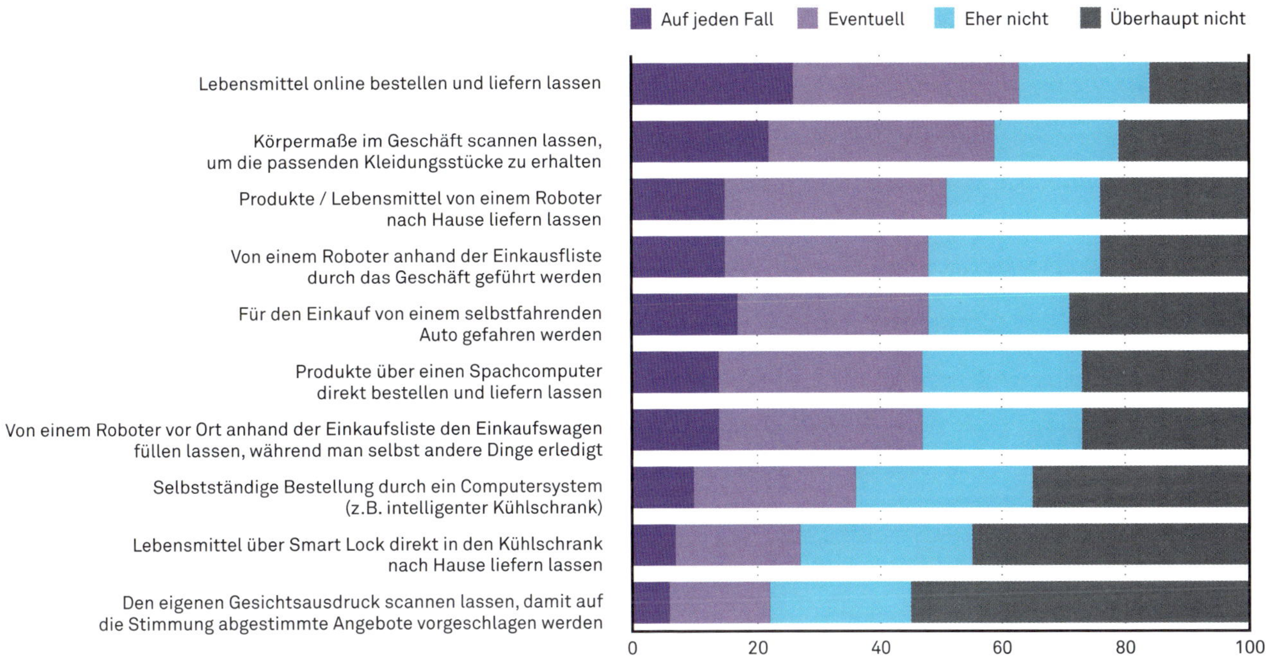

Quelle: PwC, 2018

1 von 10 stationären Händlern nutzt KI

Anteil der Unternehmen im Einzelhandel* nach Vertriebskanal, die KI bereits nutzen

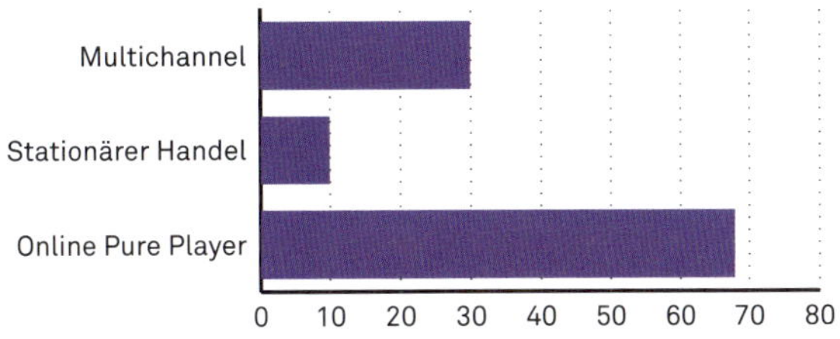

Quelle: Capgemini, 2018

Britische Retailer sind KI-Pioniere

Anteil der Unternehmen im Einzelhandel* nach Ländern, die den Einsatz von KI planen oder bereits anwenden

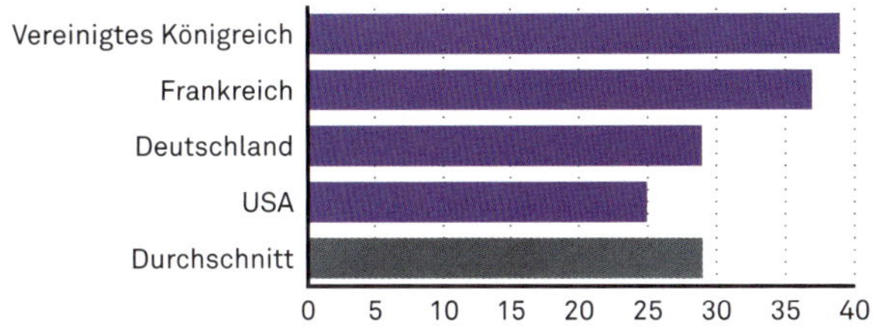

Quelle: Capgemini, 2018

*Unternehmen basierend auf der Liste der 250 umsatzstärksten Handelsunternehmen 2017 von Bloomberg

Handel in China

Umsätze in China

Prognose zum Einzelhandelsumsatz in China 2016–2021 in Billionen Dollar

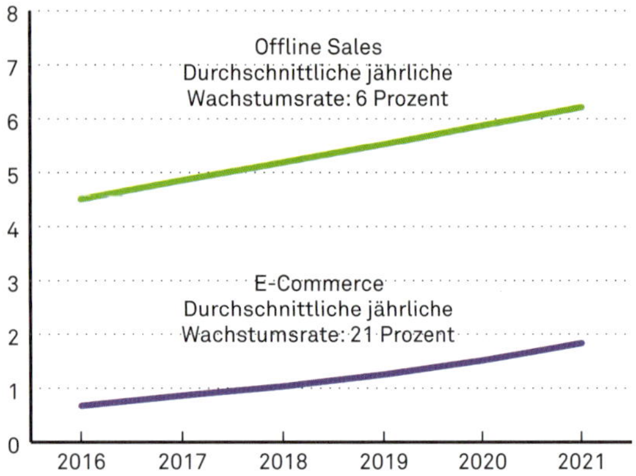

Quelle: PwC, 2018

Asien als Treiber des Online-Handels

Prozentuale Verteilung der Umsätze im E-Commerce-Markt 2015–2021

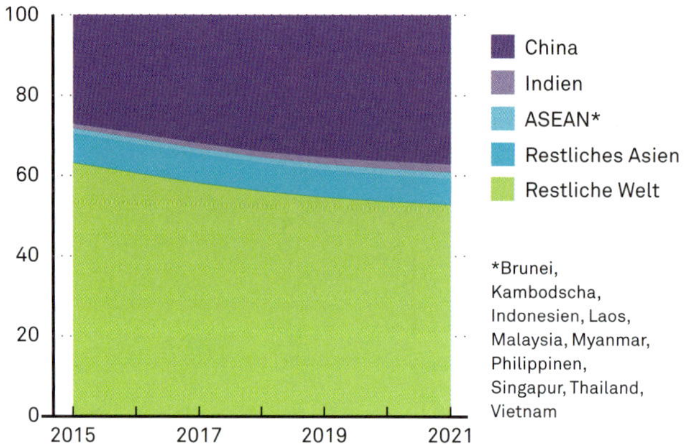

Quelle: OECD, 2018

Wachstumsmarkt E-Food

Anteil des mit E-Commerce erzielten Umsatzes am gesamten Umsatz im FMCG-Markt* in den Jahren 2017 und 2018 nach Ländern (in Prozent)

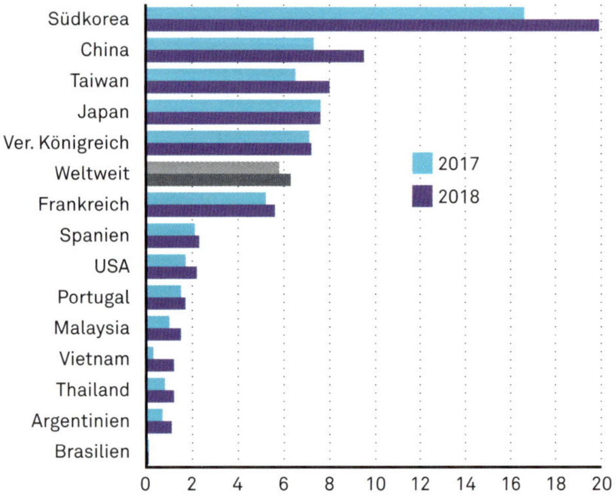

Quelle: Kantar Worldpanel, 2018

* Fast Moving Consumer Goods (Lebensmittel, Drogerie, Reinigungsmittel)

Jeder Vierte kauft in China

Anteil von Online-Shoppern, die in China oder USA einkaufen (in Prozent)

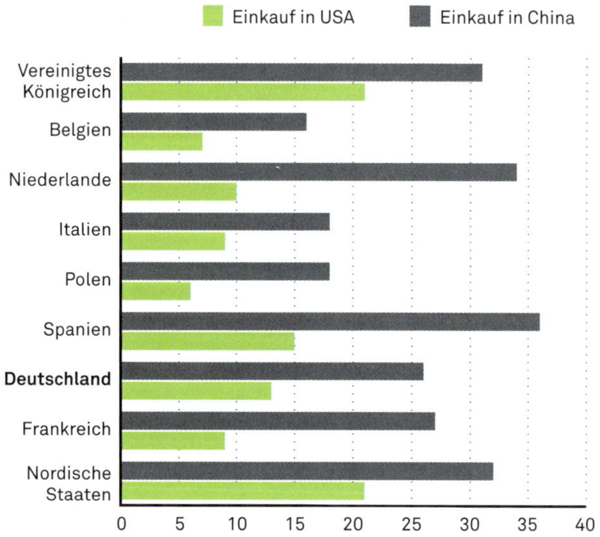

Quelle: PostNord, 2018

China versus Amazon

Umsatz von Alibaba, JD.com und Amazon weltweit in den Jahren 2010 bis 2018 (in Milliarden Dollar)

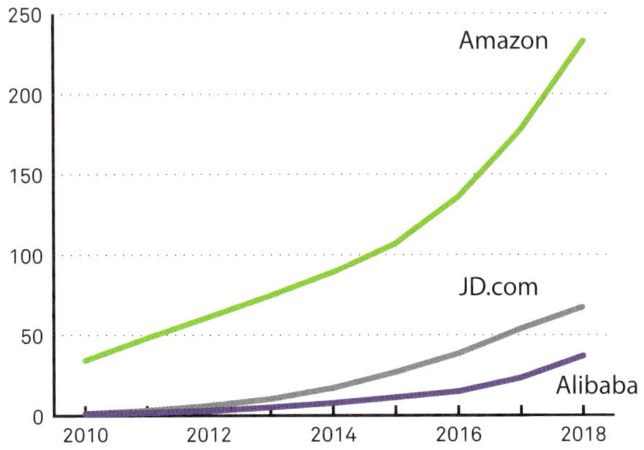

Quelle: Alibaba Group 2018; Amazon.com Inc. 2019; JD.com Inc. 2018

Viel Wachstum im Osten

Einzelhandelsunternehmen weltweit nach höchstem jährlichen Umsatzwachstum von 2012 bis 2017* (in Prozent)

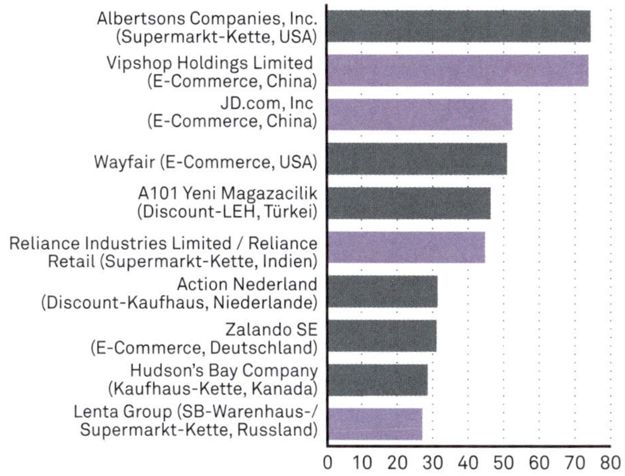

Quelle: Deloitte 2019

*Es wurden ausschließlich die 250 umsatzstärksten Einzelhandelsunternehmen weltweit berücksichtigt.

Umsatz der Alibaba Group nach Marktsegmenten in den Jahren 2010 bis 2018 (in Milliarden Yuan)

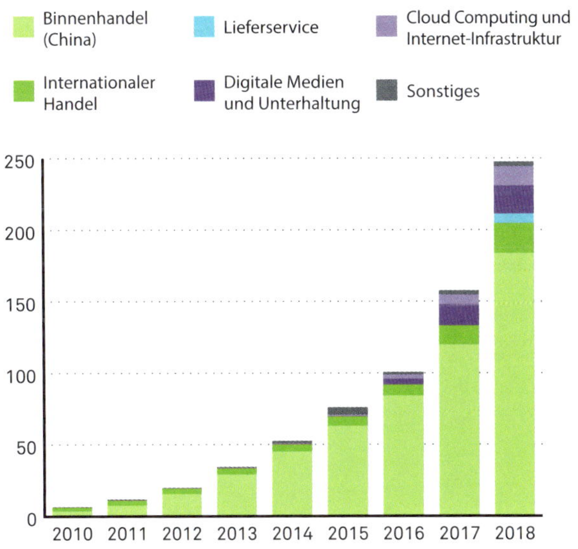

Quelle: Alibaba Group 2018

Umsatz von Amazon nach Produktgruppen (in Milliarden Dollar)

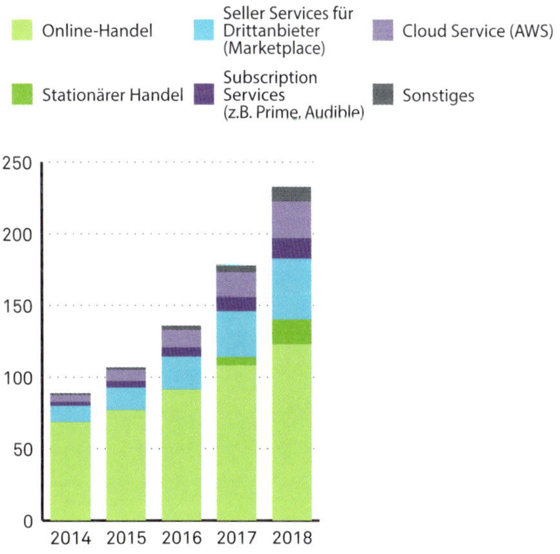

Quelle: Amazon.com Inc. 2019

E-Commerce

Online-Markt wächst weiter

Umsätze im E-Commerce nach Segmenten weltweit im Jahr 2017 sowie eine Prognose bis 2023 (in Millionen Euro)

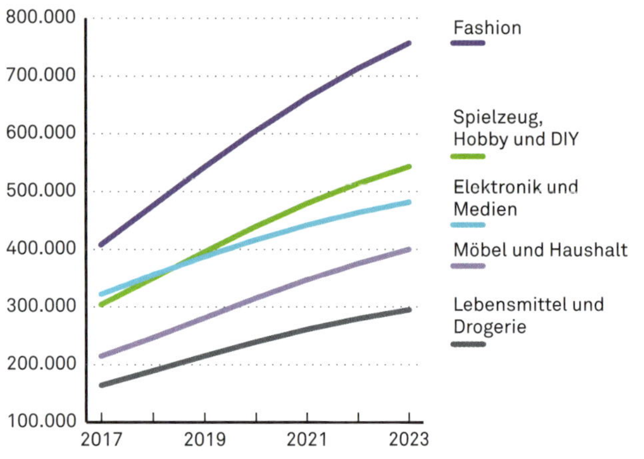

Quelle: Statista, 2018

Mode kauft man online

Verteilung der Branchen am Online- und Offlinevolumen im Einzelhandel in Deutschland 2017 (in Prozent)

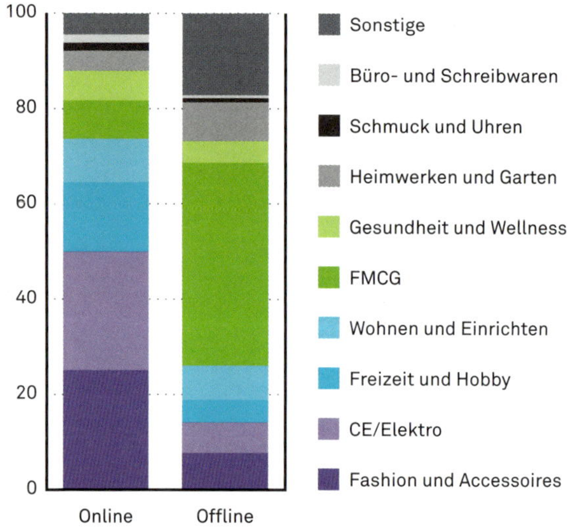

Quelle: HDE, 2018

Unterhaltung boomt

Online-Umsätze Top-Warengruppen in Deutschland (in Millionen Euro)

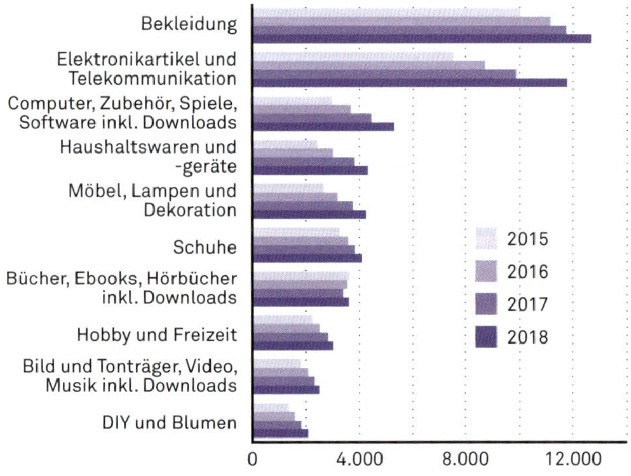

Quelle: bevh, 2019

Wachstum 2017-2018 (in Prozent)

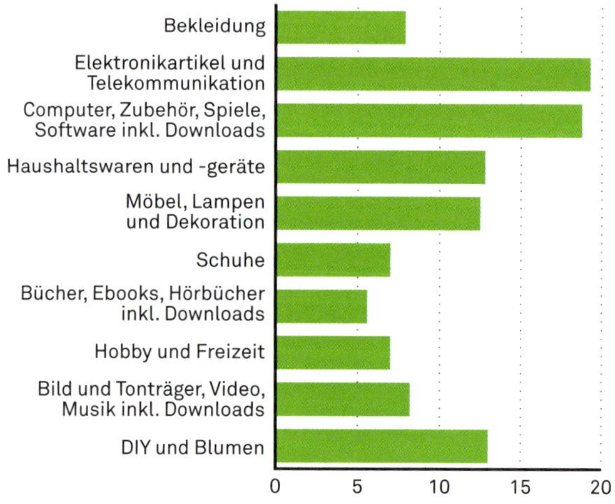

Top-10-Onlineshops in Deutschland

nach Umsatz in Millionen Euro im Jahr 2017

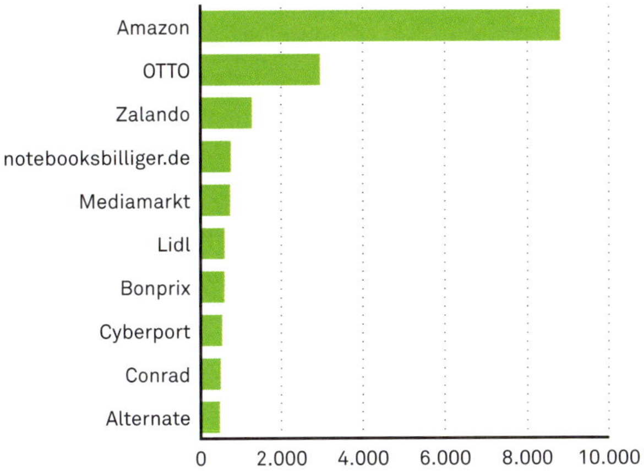

Quelle: EHI Retail Institute, 2018

Singles' Day schlägt Thanksgiving

Umsatz Online-Shopping an großen Shopping-Feiertagen (in Milliarden US-Dollar)

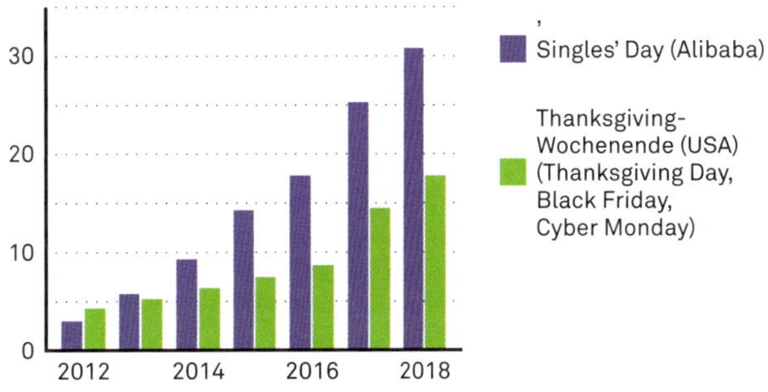

Quelle: Alibaba Group; Adobe

Jederzeit, bequem und schnell

Vorteile von Online-Shopping gegenüber Einkäufen in stationären Läden in Deutschland 2019

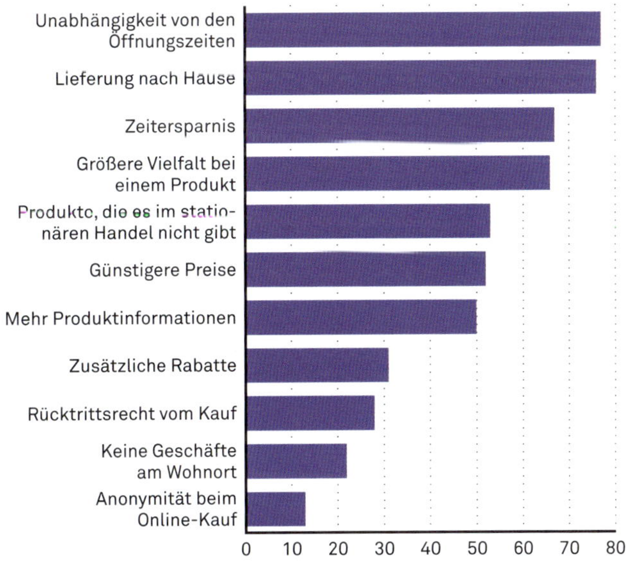

Quelle: Bitkom, 2019

Vom Online-Handel getrieben

E-Commerce-Anteil am Gesamtumsatz der Unternehmen in Europa 2018

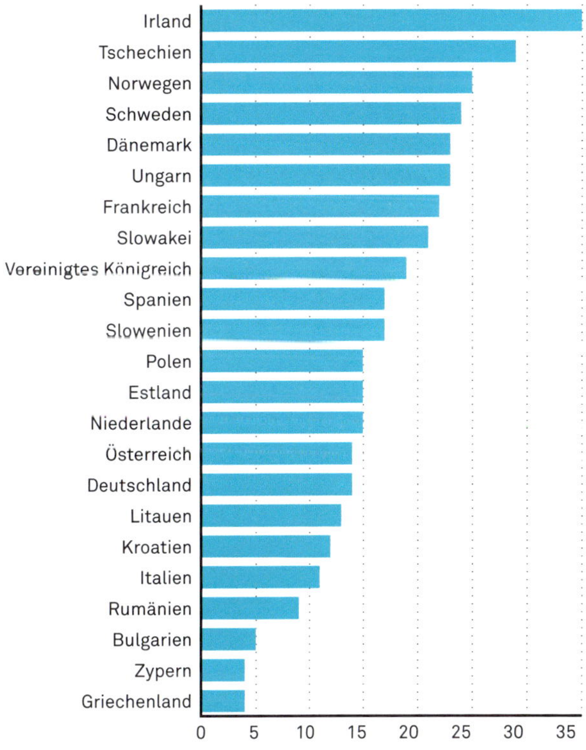

Quelle: Eurostat, 2018

Smarte Kooperationen sind die Zukunftsmodelle des Handels

Foto: WeWork, Dave Burk

BEST PRACTICE:

Age of Ecosystems

Der Online-Shop ist tot – es leben die Ökosysteme! Die digitale Disruption im Handel fordert immer mehr Opfer – nicht mehr nur im stationären Retail, sondern auch online. Hingegen haben sich die erfolgreichen E-Commerce-Giganten wie Amazon und Alibaba, aber auch Zalando, zu digitalen Ökosystemen verwandelt, die immer weniger Umsatz über ihren eigenen Online-Shop und immer mehr über ihre Funktion als Marktplatz generieren. Doch längst können nicht nur die Big Player von der Plattform-Ökonomie profitieren, indem sie die Infrastruktur für den Austausch von Ressourcen und die Vermittlung von Geschäftsbeziehungen zur Verfügung stellen. In diesen Ökosystemen bieten sich auch für kleine Händler immense Chancen: Denn ein Ökosystem kann nur dann erfolgreich existieren, wenn es einen Wert für alle Akteure schafft, die Teil des Systems sind – egal ob groß oder klein. Die Zukunft des Handels liegt in smarten Kooperationen – branchenübergreifend und selbst mit vermeintlichen Konkurrenten.

Cooperate or Die!

Es scheint, als ob die goldenen Zeiten des Handels vorbei sind. Es herrscht ein Kampf ums Überleben: Klein gegen Groß, Neu gegen Traditionell, Erlebnis gegen Einfachheit. Mit all diesen vermeintlichen Wettkämpfen haben Händler – und nicht nur die stationären – heute stark zu kämpfen. Viele Einzelhändler müssen in Zeiten der digitalen Transformation schließen oder Insolvenz anmelden. Der Handelsverband Deutschland (HDE) geht davon aus, dass in den kommenden Jahren gut zehn Prozent der Läden wegfallen werden (dpa 2017). Zudem nimmt die Bedeutung des filialbasierten Handels immer weiter ab. Das Beratungsunternehmen Oliver Wyman prognostiziert sogar, dass bis spätestens 2032 die Hälfte aller Filialunternehmen speziell im Lebensmitteleinzelhandel schließen muss (Oliver Wyman 2017). Der Rest werde aufgekauft oder fusioniere. Schon heute sind zahlreiche Einzelhändler, die sich in vielen Einkaufsstraßen deutschland- und europaweit befinden, ins Straucheln geraten. Erst im Januar 2019 meldete das Modeunternehmen Gerry Weber Insolvenz wegen zu großer Herausforderungen in der Logistik und bei der Verjüngung der Marke an. Auch ehemalige Erfolgsgaranten wie der Textil-Discounter Primark müssen in Deutschland mit rückläufigen Umsätzen kämpfen und ihre Filialen verkleinern. H&M schließt ebenfalls europaweit Filialen; und Esprit verkündete, bis zu 400 Stellen in Deutschland streichen zu müssen. Inzwischen wird auch den großen, globalen Retailern und Brands klar: Der Überlebenskampf kann alleine nur verloren werden.

Fusionen an der Tagesordnung – (nur noch) gemeinsam stark

2018 ertönte ein Paukenschlag für den stationären Handel. Was unumgänglich schien, wurde Realität: Kaufhof und Karstadt machen in Zukunft gemeinsame Sache. Die Fusion, die sich über die vergangenen Jahre gezogen hat, wurde Ende 2018 final besiegelt und soll Billiganbietern und der Online-Konkurrenz die Stirn bieten. Vor allem aber soll die Fusion Kaufhof und Karstadt aus den roten Zahlen heben und wieder wettbewerbsfähig machen (dpa 2018). Dem österreichischen Immobilien- und Handelsunternehmen Signa (Karstadt-Eigentümer) gehören 50,01, dem kanadischen Handelskonzern HBC 49,99 Prozent des neuen Warenhauskonzerns. Schon lange kriselte es bei beiden Kaufhäusern. Während Kaufhof unter dem kanadischen Mutterkonzern HBC Verluste machte, schrieb Karstadt zwar schwarze Zahlen – von einem Wachstum oder zukunftsfähigen Konzept für die heutigen Kunden konnten aber beide Unternehmen schon lange nicht mehr sprechen. Lieferung nach Hause, trendorientierte Einkaufswelten mit attraktiven Pop-up-Stores von Sephora oder Topshop – es wurde viel versucht, der gewünschte Erfolg blieb aus.

Diese Entwicklungen sind heute kein Einzelfall. In den letzten Jahren haben sich immer mehr Unternehmen zusammengetan, um ihre Kräfte zu bündeln und sich den Herausforderungen der Branche zu stellen. So wurde die insolvente Supermarktkette Kaiser's Tengelmann nach langem Hin und Her von Edeka und Rewe übernommen. Thalia fusionierte mit der Mayerschen Buchhandlung mit dem Ziel, gemeinsam zum größten Buchhandelsunternehmen in Europa zu werden. Die Gründe der Zusammenschlüsse sind oft ähnlich: Verbesserung der Logistik, Zusammenlegung des Kundenstamms oder Kosteneinsparungen durch eine Zentralisierung der Kräfte.

Coopetition – Gemeinsam komplexe Herausforderungen meistern

Der Handel steckt in der Krise, und was früher ein Zeichen von Experimentierfreude war, ist heute oft eine notwendige und sinnvolle Entscheidung: die Kooperation. Dabei ist die Fusion jedoch nur die letzte Möglichkeit, zu retten, was noch zu retten ist. Sie stammt noch aus der Zeit des harten Konkurrenzkampfs, bei dem der Stärkere sich den Schwächeren einverleibt, um noch stärker zu werden. Aktuell geht es vor allem darum, mit vereinter Kraft durch eine Fusion dem übermächtigen E-Commerce die Stirn bieten zu können. Doch im Zeitalter der Ökosysteme geht es um mehr, nämlich um einen für alle Seiten befruchtenden und gewinnbringenden Zusammenschluss von Partnern, die sich auf Augenhöhe

Tipp: Suchen Sie die Nähe zur Konkurrenz und seien Sie offen gegenüber Kooperationsanfragen von innovativen Start-ups. Sehen Sie die Handelsbranche nicht als Haifischbecken, sondern nutzen Sie Ihre Chancen. Schlagen Sie die Big Player mit ihren eigenen Waffen: Machen Sie sie zu Ihren Verbündeten oder schmieden Sie branchenübergreifende Allianzen.

begegnen. Grundvoraussetzung ist das Prinzip der Coopetition, der Verbindung von Cooperation und Competition.

Kooperation heißt schon lange das Zauberwort, um komplexe Probleme zu lösen. In Zukunft geht man noch einen Schritt weiter und wendet sich auch der Konkurrenz zu, um in bestimmten Fragen weiterzukommen, innovativ zu bleiben oder Synergieeffekte zu schaffen. Coopetition bezeichnet die Zusammenarbeit mit Wettbewerbern, um zeitweise die Kräfte zu bündeln, statt sich im Konkurrenzkampf aufzureiben. So begreifen sich auch Stadtviertel, Regionen und Straßen als Gemeinschaften mit einer eigenen Identität, die es zu pflegen und zu kommunizieren gilt. Diese gemeinschaftliche Identität reicht von losen Händler-Communitys und freiwilligen Werbe- und Interessengemeinschaften bis hin zu gesetzlich geregelten Business Improvement Districts (BID), auch als Immobilien- und Standortgemeinschaften (ISG) bekannt.

Everywhere-Ecosystems: Online-Marktplätze als Treiber lokaler Erlebnisse

Während Fusionen unter Einzelhändlern die Marktmacht sichern und urbane Zusammenschlüsse die Attraktivität eines Standorts erhöhen sollen, gehört das Prinzip der Coopetition zur DNA vieler E-Commerce-Unternehmen. Sie sind „Digital by Design", sprich: sie waren von Anfang an digital und das Digitale gehört für sie zum Unternehmenskern. Sie sind mehr Technologie-Konzern denn Händler. Sie surften auf der ersten digitalen Welle der Transformation und sind somit agiler und fluider ausgerichtet als traditionelle Einzelhändler. Doch längst leben diese Unternehmen nicht mehr vom Verkaufen von Waren im Online-Shop. Sie sind zu Plattformen geworden, die andere Händler, Hersteller und Marken mit Konsumenten zusammenbringen. So liegt der Anteil des Online-Handels am erwirtschafteten Gesamtumsatz von Amazon lediglich bei gut 50 Prozent. Über die Seller Services für Drittanbieter, die über den Marktplatz verkaufen, generiert Amazon inzwischen starke 18 Prozent des Gesamtumsatzes (amazon.com Inc. 2019).

Das zeigt, dass große E-Tailer und Handelsplattformen stark wachsen, doch schon lange nicht mehr aus eigener Kraft, sondern durch die Macht der Zusammenarbeit. Zugleich ist der Konkurrenzdruck im E-Commerce enorm – vermutlich sogar stärker als im traditionellen Einzelhandel: Dr. Kai Hudetz, Geschäftsführer des Instituts für Handelsforschung (IFH Köln), ist davon überzeugt, dass in einigen Jahren 90 Prozent der reinen Online-Händler vom Markt verschwunden sein werden – also nur einer von zehn Online-Pure-Playern noch existieren wird (Hudetz 2016).

Wie relevant Kooperationen auch für Online-Shops sind, zeigen aktuelle Zahlen: Denn trotz zunehmender Digitalisierung und stetig wachsender Umsätze im Online-Handel – 2018 lagen sie bei 53,6 Milliarden Euro (HDE Online-Monitor 2019) – wird der Löwenanteil des Geldes noch immer offline ausgegeben. Schätzungen zufolge sind das sogar immer noch zwischen 85 und 90 Prozent des Einzelhandelsumsatzes in Deutschland (Sanz Grossón 2018). Nicht zuletzt deshalb drängen immer mehr einstige Online-Pure-Player in die Einkaufsstraßen, und große Online-Plattformen starten neue Allianzen mit stationären und lokalen Anbietern. Auf Amazon finden sich mittlerweile 2,5 Millionen Händler weltweit, die über den Marketplace ihre Ware anbieten (Marketplace Pulse 2019). Amazon kooperiert zudem mit lokalen Lebensmittelhändlern oder Bäckereien wie „Kochhaus“ und „Zeit für Brot“, um frische Produkte innerhalb weniger Stunden zu liefern. Unter Amazon Storefronts werden zahlreiche kleine und mittlere Unternehmen (KMU) gelistet und vorgestellt. Dabei betont der Big Player besonders, dass die Hälfte der verkauften Produkte von kleinen und mittleren Unternehmen stammt. In einem von Amazon produzierten nationalen TV-Spot wird das Konzept „Aus klein mach groß“ vorgestellt, das gezielt die Lieferung von Produkten kleiner Unternehmen und Start-ups, wie der „Manufaktur Liebevoll“ aus dem brandenburgischen Erkner, in den Fokus stellt. Über Videos und Porträts können Kunden mehr über die Menschen hinter den Produkten und deren Geschichten erfahren.

Auch Zalando hat bereits die Kooperation mit stationären Einzelhändlern für sich entdeckt: Anna Heil, Product & Business Development Manager Logistics bei Zalando, ist davon überzeugt, dass die „Kooperation mit dem Handel unabdingbar ist“. Zalando möchte mehr sein als „ein ganz normaler E-Commerce Player“ und entwickelt sich „hin zu einer Fashion-Plattform, die mit allen möglichen Partnern in der Industrie kooperiert“ (Zha 2018). Genutzt wird dafür ein großes lokales Händlernetzwerk, das über das System des Softwareanbieters Gaxsys Bestellungen von Zalando-Kunden annehmen und Waren direkt aus den stationären Läden verschicken kann. Die Ökosysteme der großen Marktplätze konzentrieren sich immer mehr auf den Ausbau lokaler Erlebnisse.

Während also lokale Initiativen in Form von BIDs und Interessengemeinschaften um Gelder, Konzepte und Einigkeit ringen, drängen die E-Commerce-Giganten mit Leichtigkeit in den lokalen Retail, indem sie sich mit innovativen jungen Unternehmen zusammenschließen – gemeinsam begeben sich die großen mit den kleinen Disruptoren voller Begeisterung auf die Überholspur. Denn sie vereint eines: der Veränderungswille.

> „Marken und Händler werden immer weniger in Kanälen und Endgeräten denken und sich noch radikaler an ihren Kunden und deren Gewohnheiten, Bedürfnissen und Lebensstilen orientieren.“
>
> Dr. Carsten Keller, VP Direct to Consumer bei Zalando

In Amazon Storefronts werden kleine und mittlere Unternehmen präsentiert.
Foto: Amazon

Die Evolution der Retail-Ökosysteme

Als digitales Ökosystem wird generell ein verteiltes, adaptives, offenes und sozio-technisches System verstanden, das Eigenschaften von Selbstorganisation, Skalierbarkeit und Nachhaltigkeit – angelehnt an die Definition von natürlichen Ökosystemen – mitbringt. Die einzelnen Akteure handeln sowohl zu ihrem eigenen Vorteil als auch zum Wohlergehen das Gesamtsystems (Briscoe/Wilde 2009). Digitale Ökosysteme sind die Kinder der digitalen Transformation. Sie sind das Ergebnis aus den technischen Anforderungen im Kontext von Big Data, Konnektivität und Internet of Things und den daraus entstehenden Forderungen der Kunden an Services, Präsenz und digitale Angebote.

Bereits Anfang der 2000er Jahre entstanden Retail-Plattformen und Ökosysteme, die die Stärken und die digitale Erreichbarkeit einzelner Unternehmen bündelten. Gleichzeitig wurden neue Akteure – Entwickler, Retailer, Technologie-Experten – zur Weiterentwicklung der Produktion, Produktentwicklung und Logistik hinzugeholt. Als bekannte digitale Ökosysteme gelten bis heute Apple, Google oder Amazon, die künftig immer mehr Ökosysteme vorantreiben und inspirieren werden. Neben den Big Playern entstehen so zahlreiche weitere Ökosysteme, die die Anforderungen an Offenheit im Zeitalter der Sharing-Economy, aber auch den Drang der Kunden nach Erlebnis und Service noch stärker in den Mittelpunkt stellen. Das Zeitalter der Ökosysteme steht somit noch am Anfang und bringt immer smartere Allianzen hervor.

Motive und Fragen

... der kleinen stationären Einzelhändler

Attraktive Warenvielfalt:

→ Wie schaffe ich eine große Warenvielfalt, die mich von den heutigen Wettbewerbern unterscheidet?
→ Was macht mich besonders im Vergleich zu den bereits existierenden Händlern?

Omni-Channel-Strategie:

→ Wie kann ich überall dort präsent sein, wo der Kunde mich will?
→ Wie bringe ich Menschen auf meinen Online-Shop?

Lifestyle-Welten:

→ Wie kann ich mit den heutigen Gastro-Erlebnis-Shopping-Welten noch mithalten?
→ Wie schaffe ich es, ständig etwas Neues zu erzählen, um interessant zu bleiben?

Service-Leistungen:

→ Wie kann ich meinen Kunden mit meinen vorhandenen Kapazitäten und Budgets ein gutes Service-Angebot liefern?
→ Wie halte ich bei Angeboten wie einer umfassenden Styling-Beratung, Fitness-Programmen und exklusiven Kundenprämien heute noch mit?

Logistik:

→ Wie kann ich Dinge noch schneller liefern als der Wettbewerb und damit an erster Stelle stehen?

... der großen (Online-)Händler

Attraktive Warenvielfalt:

→ Wie kann ich einzigartige Produkte anbieten, die nicht jeder hat?
→ Wie kann ich lokale Produktqualität versprechen?

Omni-Channel-Strategie:

→ Wie kann ich überall dort präsent sein, wo der Kunde mich will?
→ Wie schaffe ich es, dort mit unterschiedlichen Produkten und Kanälen zu überzeugen?

Lifestyle-Welten:

→ Wie schaffe ich persönliche und menschliche Nähe mit meinen Erlebnissen?

Service-Leistungen:

→ Wie kann ich vor Ort noch besser beratend tätig sein?
→ Wie halte ich bei Angeboten wie einer umfassenden Styling-Beratung, Fitness-Programmen und exklusiven Kundenprämien heute noch mit?

Logistik:

→ Wie kann ich Dinge noch schneller liefern als der Wettbewerb und damit an erster Stelle stehen?
→ Wie kann ich meine Waren noch effizienter lagern und kommissionieren?

Zalando vernetzt sich mit dem Konzept Connected Retail mit stationären Händlern.
Foto: Zalando

Connected Retail

BEST PRACTICE: **ZALANDO**

Über 700 Läden hat Zalando unter dem Dach von „Connected Retail“ versammelt, darunter viele mittelständische Unternehmen und Händler. Über die Plattform können Kunden ihre Online-Bestellungen direkt bei externen, stationären Anbietern tätigen. Die Partnershops haben nach Eingang einer Bestellung drei Stunden Zeit, sich für oder gegen einen Auftrag zu entscheiden, und wickeln den Prozess über eine gemeinsame Plattform ab. Sowohl die Einzelhändler wie auch Zalando sehen die Zusammenarbeit als Gewinn, der sich letztendlich auch in Zahlen sichtbar macht: Durch Connected Retail können Einzelhändler ihre Produktivität um bis zu 30 Prozent steigern. Neben der Reichweite und Teilnehmerzahl sollen auch der Kundenservice der Plattform und Services wie Same Day Delivery in naher Zukunft ausgebaut werden. „Wenn wir zehn Jahre vorausschauen, werden Marken und Händler immer weniger in Kanälen und Endgeräten denken und sich noch radikaler an ihren Kunden und deren Gewohnheiten, Bedürfnissen und Lebensstilen orientieren“, beschreibt es Dr. Carsten Keller, VP Direct to Consumer bei Zalando.

corporate.zalando.com

Vom Händler zum Vernetzer

BEST PRACTICE: **IKEA**

Ikea, der größte Möbelhändler der Welt, will nun auch einen Online-Marktplatz eröffnen, auf dem Produkte von Drittanbietern verkauft werden. Wenn dieser Schritt gelingt, würde sich Ikea von einem reinen Einzelhändler zu einem Tech-Unternehmen entwickeln. Aktuell befindet sich der Konzern in einer Neuausrichtung, die es Kunden künftig auch erlauben soll, Möbel zu mieten – das Pilotprojekt startet im Frühjahr 2019 in der Schweiz – und

Gestern	Heute	Morgen
E-Commerce und Online-Shop: Klassischer E-Commerce bzw. Online-Shop zur Präsenzsteigerung einer Retailmarke/eines Retailunternehmens.	**Vielfältige Retail-Plattformen und Alpha-Ökosysteme:** Plattformen und Online-Marktplätze von großen Anbietern wie Otto, Ebay, Amazon, die ihren Warenbestand und ihr Angebot auf einer zentralen, digitalen Plattform durch andere Dienstleister gezielt erweitern: Damit steigern sie nicht nur nachhaltig ihr Angebot in Produkten und Services, sondern gewinnen auch neue Impulse für die Produktentwicklung.	**Experience- und Service-Ökosysteme:** Vernetzte On- und Offline-Retail-Ökosysteme, die mit ausgewählten Partnern die Kundenerlebnisse und Services verbessern und erweitern wollen. Dazu zählen besonders die Bereiche Präsenz vor Ort (z.B. durch stationäre Partner), Serviceleistungen und Erlebnisse in Form von Events.

Produkte über andere Plattformen zu erwerben. Teil des Transformationsprozesses ist es auch, über TaskRabbit Personen zu vermitteln, die beim Umziehen, beim Transportieren von Ikea-Einkäufen und bei handwerklichen Tätigkeiten helfen. Torbjörn Lööf, Geschäftsführer von Inter Ikea, stellt in einem Interview mit der Financial Times die entscheidende Frage der Zukunft: Wie ermögliche ich Vernetzung? (Insight DIY Team 2019)

ikea.com

Vertikale Online-Marktplätze – stark in der Nische

Online-Marktplätze sind zugleich die großen Gewinner und Treiber der Plattformökonomie. Neben den Big Playern sind immer mehr vertikale Marktplätze entstanden, die Produzenten und Konsumenten zusammenbringen. „Amazon ist wie ein übermäßig großes, unsortiertes Warenhaus. Wer weiße Sneakers sucht, hat 10.000 Treffer. Da kommt der Kunde nicht mehr durch. Es ist eine Tyrannei der Auswahl", beschreibt es der Handelsexperte Erik Maier, Juniorprofessor für Handels- und Multi-Channel-Management an der HHL Leipzig Graduate School of Management (Mattauch 2019). Hingegen bieten vertikale Marktplätze den Verkäufern zwar eine geringere Reichweite als die Platzhirsche, allerdings nicht selten einen besseren Support und eine zielgenauere Ansprache der Kundengruppen. Vor allem für Nischenprodukte können solche speziellen Online-Marktplätze der beste Verkaufsort sein. So setzt z.B. die DIY-Plattform Etsy auf die Stärke der Nische für Handgemachtes.

Vertikale Plattformen bieten Fachhändlern die Möglichkeit, online sichtbar zu sein und über den regionalen Radius hinaus ihre Produkte zu vertreiben. Ein weiterer Vorteil: Die Plattformbetreiber bieten in der Regel ein Rundum-Sorglos-Paket und kümmern sich um die komplette Abwicklung – der Fachhändler muss die bestellten Produkte nur versenden. Bereits seit 2013

„Amazon ist wie ein übermäßig großes, unsortiertes Warenhaus. Es ist eine Tyrannei der Auswahl.“

Erik Maier, Juniorprofessor für Handels- und Multi-Channel-Management an der HHL Leipzig Graduate School of Management

existiert die Online-Plattform schuhe.de, die vom Einkaufsverbund ANWR Group initiiert wurde. Schuhe.de macht 6.000 Geschäfte aus dem Schuh-, Sport- und Lederwarenbereich der ANWR-Group online sichtbar. Rund 1.600 Fachgeschäfte sind über das „Digitale Schaufenster“ abgebildet, die Hälfte von ihnen verkauft auch online, und über 900 bieten die Möglichkeit zum „Click & Collect“ an. Inzwischen ist die Plattform auch an Zalando, Ebay, Spartoo und seit 2018 an Amazon angebunden. Das Partnernetzwerk Modehaus.de, ins Leben gerufen von einem Modehaus-Betreiber in Hameln, verfolgt in erster Linie das Ziel, inhabergeführte Handelsunternehmen zu vernetzen. Im Mittelpunkt stehen der Erfahrungsaustausch, Einkaufsvorteile sowie die Absicht, die Hürden der Technologisierung und Digitalisierung gemeinsam besser zu meistern. Man will im Partnernetzwerk den „Pure Playern die Stirn bieten“.

Besonders in ländlichen Regionen können Online-Marktplätze in den nächsten Jahren eine wichtigere Rolle spielen. Schließlich ist das Retail-Angebot dort infrastrukturell wenig ausgebaut – und wird künftig noch weiter zurückgehen –, die Nachfrage allerdings groß. Natürlich müssen die Fachhändler-Netzwerke eine große Auswahl, einen optimalen Service und eine einfache Bestellabwicklung bieten – so können sie eine attraktive Alternative für all diejenigen sein, die lieber bei einem „echten“ Händler als bei Online-Giganten einkaufen wollen. Eine simple, doch aussagekräftige Webadresse wie schuhe.de, schuhe24.de, modehaus.de, juweliere.de etc. bildet die Grundlage für leichte Auffindbarkeit, Nähe und Vertrauen bei Kunden. Die große Stärke von vertikalen Online-Marktplätzen liegt jedoch in der Nische: Bei Produkten und Services, die es nicht überall gibt, die gezielt bestimmte Lebensstile und nicht die Masse ansprechen, sowie in der Vernetzung genau dieser Menschen, die als Produzenten, Händler oder Konsumenten den Lebensstil verkörpern.

Sinnvolle Vernetzung

BEST PRACTICE: GO TO EMMA

Plattformen spielen auch im B2B eine immer wichtigere Rolle: Das Hamburger Start-up Go to emma vernetzt Hersteller, Einkäufer und Marktleiter. Die Plattform bietet einen direkten, digitalen Vertriebsweg und macht die unzähligen Besuche von Außendienstmitarbeitern der Nahrungsmittel- und Getränkeindustrie überflüssig. Dabei greift der Co-Gründer Matthias Schulz auf seine eigene Erfahrung als Inhaber einer Vertriebsagentur zurück. Go to emma vereinfacht diese Einkaufs- und Vertriebsprozesse enorm. Frei nach dem Motto „Sinnvoll handeln“ wollen die Unternehmensgründer „Aufgaben im Vertrieb und im Einkauf ohne Mehrwert beseitigen“. Bis Ende 2019 sollen 10.000 Märkte auf der Plattform emma gelistet sein.

gotoemma.de

Von Local-Commerce-Plattformen zu Service Ecosystems

Doch auch immer mehr lokale Händler finden sich zusammen und schaffen eine digitale Erweiterung der Einkaufsstraßen. Voraussetzung ist die Erkenntnis, gemeinsam mehr zu erreichen. Bereits im Retail Report 2016 berichteten wir über den Trend zum Local Commerce (S. 36ff.): Der Kooperation und Vergemeinschaftung im Lokalen von Händlern, Kommunen und Konsumenten – aber auch von anderen Gewerbetreibenden aus den unterschiedlichsten Branchen. Denn was nützt das tollste Store-Konzept, wenn um das eigene Geschäft herum ein Laden nach dem anderen schließen muss und immer mehr Leerstand herrscht? Ursprünglich als Stärkung des stationären Handels vor Ort und als Kampfansage an die Online-Händler gestartet, sind inzwischen auch Allianzen mit diesen an der Tagesordnung.

Nach der ersten Euphorie setzt jedoch inzwischen die Ernüchterung ein, da lokale Online-Marktplätze häufig nicht zu großen Umsatzsteigerungen bei den Einzelhändlern führen. Ganz zu schweigen von den nicht selten zermürbenden Diskussionen, was der Marktplatz leisten soll und kann, wie der gemeinschaftliche Auftritt im Shop gestaltet werden soll, wie das gemeinsame Marketing aussieht, bis hin zu Händlerschulungen. Eine Studie der Hochschule Koblenz zum Local Commerce belegt, dass sich die teilnehmenden Händler weder über höhere Besucherzahlen im Laden noch über signifikant gesteigerte Verkäufe off- wie online freuen konnten. Hierzu wurden deutschlandweit 200 Händler befragt, die auf lokalen Online-Marktplätzen auffindbar sind und ihre Produkte dort feilbieten. „Die lokalen Marktplätze widersprechen in vielen Punkten dem, was die deutschen Verbraucher wollen: Die Auswahl ist kleiner, die Preise sind höher. Es gibt Begrenzungen an allen Ecken und Enden.

↘ Tipp: Wer eine lokale Online-Plattform als digitale Erweiterung des Verkaufsorts oder gar als Kampfansage an die E-Commerce-Giganten versteht, kann nur enttäuscht werden. Allen Beteiligten sollte von Beginn an offen kommuniziert werden, dass solch eine Plattform kein Verkaufsbooster per se ist. Was das konkrete Ziel dieser gemeinschaftlichen Online-Präsenz ist, muss gemeinsam ausgehandelt werden und allen klar sein.

Das wird nicht funktionieren", lautet das vernichtende Urteil des Handelsexperten Prof. Dr. Gerrit Heinemann, Leiter des eWeb Research Center der Hochschule Niederrhein. Ein Großteil der für die Studie befragten Händler gab auch an, die Teilnahme an einem solchen Projekt nicht weiterempfehlen zu wollen (Reimann/dpa 2018).

Für Dr. Kai Hudetz, Geschäftsführer des Instituts für Handelsforschung (IFH), sind die bisherigen Online-Marktplätze nur die erste Entwicklungsstufe für künftige Plattformen: Diese dürften weniger den Einkauf und den Handelsaspekt in den Mittelpunkt stellen, sondern müssten dafür serviceorientierter sein. „Das Ziel muss sein, den lokalen Online-Marktplatz zum selbstverständlichen Anlaufpunkt für den Verbraucher zu machen. Das wird mit einem am Ende doch sehr begrenzten Shopping-Angebot allein nicht gelingen", ist er überzeugt (Reimann/dpa 2018). Solche gemeinsamen Online-Auftritte sind somit vor allem eines: eine Kommunikations- und Informationsplattform. Sie bringen die Gewerbetreibenden einer Stadt oder einer Region zusammen und sprechen Bewohner und Besucher an. Die lokale Online-Plattform steht für Zusammenhalt und eine gemeinsame Identität. Die Lebendigkeit und Einzigartigkeit eines Ortes soll hier ins Netz überspringen. Händlern und Gastronomen, engagierten Bürgern und Politikern, Künstlern und Kreativen, innovativen Unternehmern und Denkern, also allen Local Heroes, gibt solch eine Plattform ein Gesicht, um mehr über die Menschen hinter den Kulissen, hinter den angebotenen Produkten und Dienstleistungen zu erfahren. Sie bietet ihnen die Möglichkeit, ihre Geschichten zu erzählen.

Data-Networks: Persönliche Erfahrungen über alle Plattformen

Datenallianzen sind seit geraumer Zeit ein großes Thema in der Welt der Ökosysteme. Händler, Medienunternehmen und Dienstleister schließen sich zu einem gemeinsamen Datennetzwerk zusammen, um ein sicheres Pendant zu Google, Facebook und Co. zu bilden. Ziel ist es, konform mit der Datenschutzgrundverordnung, für die Kunden gemeinsam Sicherheit, Convenience, aber vor allem auch personalisierte Angebote zu liefern. 2018 hat sich die European netID Foundation gegründet, die mittlerweile 60 Partner zählt, darunter Otto, Douglas und in Kürze auch Zalando – die Zahl der Partner soll 2019 weiter anwachsen. Hinter dem Anbieter stecken die Mediengruppe RTL, ProSiebenSat.1 sowie United Internet. Die Datenallianz hat den offenen Login-Standard netID entwickelt, bei dem sich die Nutzer über einen zentralen Login plattformübergreifend einloggen (Single Sign-on) und ihre digitalen Identitäten einfach und sicher an einem Ort verwalten können. Darüber hinaus soll es personalisierte Angebote und Werbung, die auf die Kundenbedürfnisse zugeschnitten ist, geben.

Als Konkurrenzangebot auf der Jagd nach gemeinsamen (sicheren) Daten hat sich ebenfalls 2018 das Datennetzwerk verimini gegründet, das über einen gemeinsamen Login mit mittlerweile zwölf Unternehmen zusammenarbeitet, darunter Samsung, Allianz, Axel Springer, Daimler, Deutsche Bahn, Deutsche Bank und Postbank. Welches Angebot am Ende das Rennen macht, ist noch unklar. Dass besonders Daten ein Treiber zukünftiger Kooperationen und Ökosysteme werden, zeigen neben den Datennetzwerken auch jüngste Entwicklungen in der Handelslandschaft. Viele Technologiekonzerne und Handelsunternehmen bilden gemeinsame Ökosysteme, um von einem gebündelten Datenschatz zu profitieren.

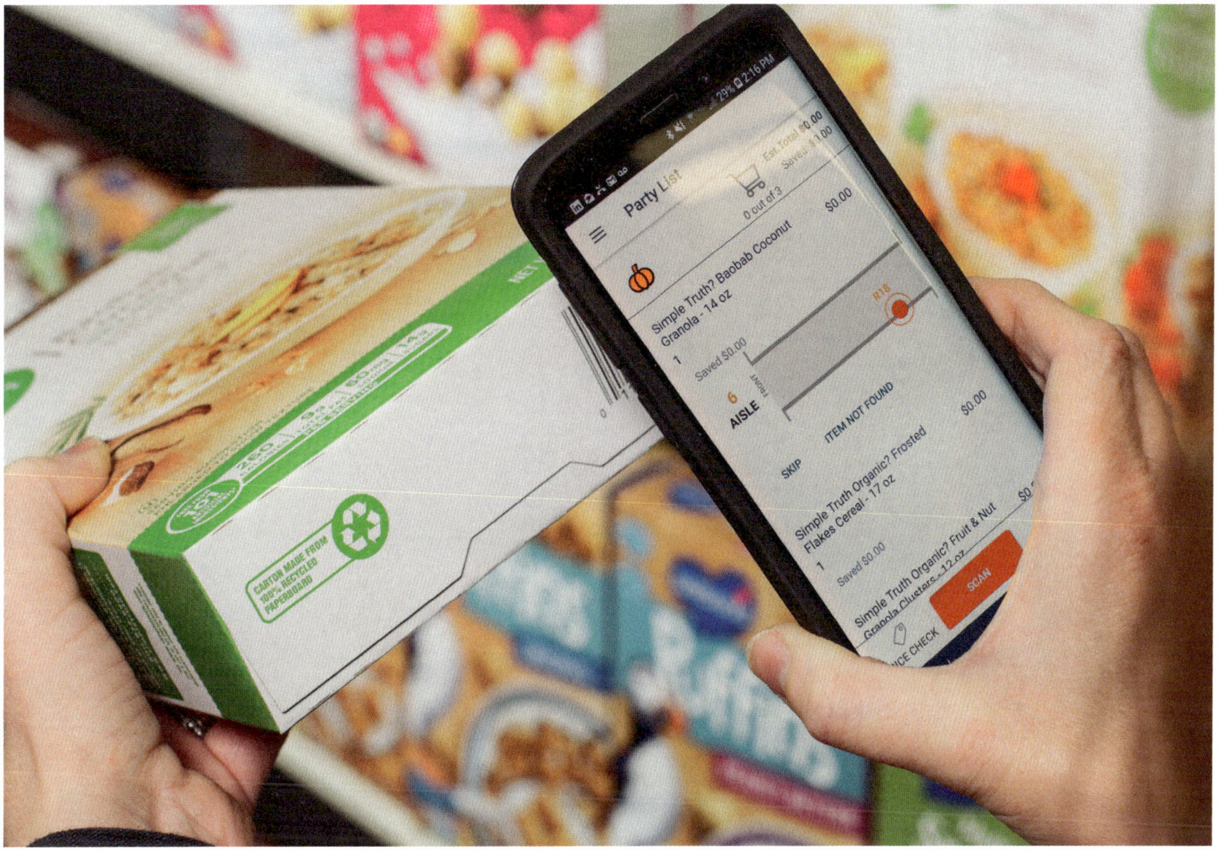

Microsoft und Kroger kooperieren, um die Customer Experience zu verbessern.
Foto: Kroger + Microsoft

Tech-Retail-Collaboration

BEST PRACTICE: **MICROSOFT**

„Der Handel muss sich grundsätzlich ändern, um zu überleben“, ist Shelley Bransten, Corporate Vice President for Retail & Consumer Goods Industries bei Microsoft, überzeugt. Der Erfolg von Amazon liegt in der Analyse der unzähligen Daten seiner Nutzer. Doch gemeinsam könnte man diese Allmacht stoppen. Aus diesem Grund setzt Microsoft verstärkt auf Kooperationen mit Einzelhändlern. Das Softwareunternehmen hat die Tools und das Know-how für eine bessere Nutzung der Daten sowie für eine Optimierung der Abläufe, der Händler kennt seine Kunden persönlich und kann sich voll und ganz auf die individuelle Ansprache fokussieren. In den USA arbeitet Microsoft bereits mit dem Lebensmittelhändler Kroger und dem Handelsgiganten Walmart zusammen. In Europa hat man mit dem schwedischen Textilhändler H&M, der britischen Kaufhauskette Marks & Spencer und dem niederländischen Supermarktbetreiber Ahold Allianzen geschmiedet – Händler in Deutschland sollen nun folgen (Kolf/Scheuer 2019).

microsoft.com

JIMMIE DURHAM
Van Gogh
check out
IN THIS TOGETHER

Shared Spaces und Co-Retailing: Ökosysteme im stationären Geschäft

Mit der Entwicklung der Ökosysteme verändert sich besonders der stationäre Bereich. Denn während online die Verfügbarkeit und die Reichweite im Mittelpunkt stehen, werden stationäre Retail-Ökosysteme erlebnis- und serviceorientierter. Shared Spaces und Co-Retailing könnten sich zu den Kauf- und Warenhäusern der Zukunft entwickeln. Als reale Anlaufstellen für die Kunden kommen an diesem Ort und unter einem Motto Marken aus dem Ökosystem zusammen. Lifestyle-Center, z.B. der Store von Urban Outfitters am Broadway in New York, verkörpern einen Lebensstil und bringen durch Kooperationen gleichgesinnte Unternehmen und Konsumenten zusammen (siehe auch Retail Report 2016, S. 35). Auf diese Entwicklung stellen sich einige Händler und Plattformen bereits ein, um in Zukunft für den Kunden weiterhin relevant bzw. der erste Ansprechpartner zu sein. So suchen immer mehr Händler gezielt Service-Partner, mit denen sie in Kooperation treten – das reicht bereits heute von Marketing und Kundenberatung, neuen Geschäftsmodellen bis hin zur Logistik. Die alles entscheidende Frage bei solchen Co-Retailing-Konzepten ist: Was ist für unsere Konsumenten eine Bereicherung?

Vom Coworking zum Co-Retailing

BEST PRACTICE: **WEWORK**

Der Coworking-Anbieter WeWork verfolgt mit dem neuen Konzept „Made by We" im New Yorker Flatiron District große Ziele: nämlich einen neuen Marktplatz für das Viertel zu schaffen. Mit einer Kombination aus Coworking Spaces, die pro Minute gemietet werden können, stylisher Boutique für kuratierte Produkte und einem Café ist die Location nicht nur ein perfekter Treffpunkt für die Community, sondern sogar eine Plattform zum Leben und Wohlfühlen.

wework.com

WeWork versteht seine Coworking-Spaces als Treffpunkt für die Community und wird immer mehr zum Lifestyle-Anbieter.
Foto: Dave Burk

Der Co-Retailer Bulletin kuratiert Produkte von Frauen für Frauen.
Foto: Seth Caplan

Empowering Female Retail

BEST PRACTICE: **BULLETIN**

Bulletin ist nicht nur ein Laden in New York. Das Unternehmen versteht sich als Dienstleister und möchte andere kleine Händler und Hersteller empowern. Als Co-Retailer bietet Bulletin die Möglichkeit, in einem seiner Geschäfte Verkaufsfläche anzumieten. Die Gründerinnen Ali Kriegsman und Alana Branston wollen nichts Geringeres als eine neue Form des Handels an den Start bringen: Ausgewählte, bisher nur online aktive Unternehmen zahlen eine monatliche Gebühr, um im Retail-Store präsentiert zu werden. Auf die Kuratierung von einzigartigen Produkten legen die beiden Macherinnen hinter Bulletin größten Wert. Denn sie haben eine Mission: Start-ups von Gründerinnen zu unterstützen. Hierfür trifft man sich auch zu Veranstaltungen, die sich gezielt an ein weibliches Publikum richten. Zudem kommen zehn Prozent der Einnahmen Planned Parenthood in New York zugute. Bulletin spricht mit dem Konzept die weiblichen Millennial-Shopper an – und hat sich inzwischen eine begeisterte Community aufgebaut. Neben drei Spaces in den hipsten Vierteln New Yorks können die Produkte der Partnerunternehmen auch über den Bulletin-Online-Shop erworben werden.

bulletin.co

Fazit

Age of Ecosystems

1 Ökosysteme werden in Zukunft aus der Handelslandschaft nicht mehr wegzudenken sein: Die Anforderungen im Handel sind mittlerweile viel zu umfangreich und der Wettbewerb ist zu stark. Nur wer kooperiert, wird künftig erfolgreich sein.

2 Seinen Platz und seine Rolle in den verschiedenen Ökosystemen zu finden, wird für Händler keine leichte Aufgabe und erfordert ein Umdenken. Umso wichtiger ist es, als Unternehmen ein langfristiges Anliegen zu haben, worauf die Strategie ausgerichtet werden kann. Künftig geht es weniger um Gewinnmaximierung und mehr um Sinnstiftung – sprich: das egozentrische Konkurrenzdenken tritt in den Hintergrund, die Erkenntnis der gegenseitigen Bereicherung in den Vordergrund.

3 Heute werden immer mehr Versuche gestartet, um nicht nur in Fusionen oder digitalen Reichweiten-Plattformen zu denken. Mit einem differenzierten Blick auf die geeigneten Partner werden vor allem neue Erlebnisplattformen relevanter, die gezielt nicht mehr das Produkt, sondern den Kunden und seinen Alltag – mit allen Services und Marken, die ihn interessieren könnten – in den Fokus stellen.

4 Genau diese Entwicklung wird es kleineren Händlern vereinfachen, sich zu verbunden und starke Partner zu finden. Denn während aktuell noch die Größe eine primäre Rolle spielt, sind es in Zukunft auch stärker lokale Werte, Handmade-Design und stationäre Erlebnisse, die die Ökosysteme im Handel und damit die künftige Handelslandschaft generell ausmachen.

Die junge Generation fordert neue Werte

Foto: ReTuna

BEST PRACTICE:

Gen Z

Während zahlreiche Handelsunternehmen all ihre Konzentration, Kraft und finanziellen Mittel in die Digitalisierung stecken, laufen sie Gefahr, sich an den Ansprüchen und Bedürfnissen der jungen Shopper der Generation Z vorbei zu „digitalisieren". Zwar sind das World Wide Web und der E-Commerce in der Tat älter als die Gen Z, und doch geht es dieser Generation um mehr als Vernetzung. Sie ist äußerst konsequent im Umsetzen ihrer Werte. Die ältere Generation Y („Why") hat durch ihr ständiges Hinterfragen der jüngeren Generation Z den Weg geebnet, neue Werte wie Sinn vor Karriere, Bio-Bewusstsein oder den Gender Shift auch zu leben. Gen Z geht Job und Karriere entspannter an – der War for Talents lässt diese junge Generation nicht mehr als Bittsteller auftreten, sondern sie kann Forderungen stellen und sich ihre Arbeitgeber aussuchen. Sie legt mehr Wert auf ein intaktes Umfeld als auf die Optimierung des individuellen Lebenslaufs – diese jungen Menschen sind Verfechter der Wir-Kultur. Ihr Gemeinschaftssinn und die damit verbundene Verantwortung für andere führt aktuell auch zu einer neuen Protestkultur. Ihrem Vorbild Greta Thunberg, einer 16-jährigen Schülerin aus Schweden, folgend, gehen hunderttausende Schüler und Schülerinnen sowie Studierende europaweit auf die Straße, um bei den „Fridays for Future"-Demonstrationen für den Klimaschutz zu streiken. Das Mindset dieser Generation und vor allem ihr neues Verantwortungsbewusstsein werden die Handelswelten von morgen prägen. Es wird Zeit, dass sich auch der Retail seiner Verantwortung bewusst wird.

Eine neue Generation tritt auf den Markt

Revitalize or Die: Für die Marktführer im Einzelhandel gilt das Credo, sich ständig zu verändern und agil zu bleiben. Doch während ein Hauptteil der Unternehmen nach der Umstellung auf die technisch versierten Millennials aufatmet, drängt ein völlig anderer Verbraucher auf den Markt: der Kunde Gen Z.

Zur Generation Z werden Menschen gerechnet, die zwischen 1998 und 2016 geboren wurden. Bereits heute gehören circa 30 Prozent der 7,7 Milliarden Menschen weltweit dieser Generation an (OC&C 2019). Manche von ihnen wurden sogar im wahrsten Sinne des Wortes in das Zeitalter der sozialen Medien hineingeboren: sie hatten bereits E-Mail-Konten und Social-Media-Profile, bevor sie gehen konnten. Sie haben ein Leben ohne Smartphone nie kennengelernt, und einige sind bereits selbst gemachte YouTube-Stars und Online-Unternehmer, bevor sie die Schule abschließen. Sie haben die Einführung der gleichgeschlechtlichen Ehe miterlebt und können gerade die Lockerung der Gesetze bis hin zur Legalisierung von Marihuana beobachten. Sie sind mittendrin in der aktuellen #metoo-Bewegung und der #wirsindanders-Kultur. Der renommierte Jugendforscher Klaus Hurrelmann beobachtet, „dass sich die Jugendlichen seit einiger Zeit politisieren. Wir wissen aus unseren Studien, dass die unter 20-Jährigen interessierter an Politik sind als die Generation vor ihnen. Das Thema Umweltschutz hat an Bedeutung gewonnen" (Breyton 2019).

Gleichzeitig sind sie Teil einer Gesellschaft, der es wirtschaftlich sehr gut geht, in der sich viele beruflich kreativ ausleben können und in der die Arbeitslosenquote in Deutschland 3,2 Prozent, in der EU 6,5 Prozent und in den USA 4 Prozent beträgt (Eurostat 2019). Sie sind als Wunschkinder liberaler, ehrgeiziger und manchmal überfürsorglicher Eltern geboren. Auch ihr Geldbeutel ist verhältnismäßig dicker, als es bei den Millennials der Fall war, als die so alt waren wie die Gen Z heute. Die jungen Start-up-Gründer, Influencer und VIP-Söhne und -Töchter verfügen bereits früh über eine gewisse Kaufkraft. Doch so stark diese Kundengruppe schon heute ist und es künftig werden wird – viele Einzelhändler haben keine klare Strategie, wie sie mit diesen Kunden umgehen sollen. Warum auch, so anders als die Gen Y kann die Gen Z nicht sein. Weit gefehlt!

In verschiedenen Studien wurden die Einstellungen der Jugendgeneration bereits untersucht. Die Kernaussagen lassen sich folgendermaßen zusammenfassen:

→ Gen Z ist resilient

So wie die Gesellschaft, durchlebt auch die Generation Z einen Wandel. Sie ist in eine Welt hineingeboren, in der man mit der permanenten Unsicherheit leben muss – sie kennt nichts anderes. Diese Generation hat von ihren ständig gestressten Vorgängern gelernt und hinterfragt weniger oder sehnt sich nach den guten alten Zeiten, sondern betrachtet, wie man Dinge weiterentwickeln und verbessern kann – dabei lässt sie Widersprüchlichkeiten gerne zu.

→ Gen Z ist sehr sicherheitsorientiert

Die Vertreter der Generation Z haben einen überdurchschnittlichen Drang nach Zusammengehörigkeit, Sicherheit und dem trauten Heim. Auch der feste Partner auf Lebenszeit wird bei der Generation Z stärker ersehnt, als es bei vorherigen Generationen der Fall ist. So sparen beispielsweise 23 Prozent der nach 1998 Geborenen in Deutschland schon heute regelmäßig für den Ruhestand (OC&C 2019).

→ Gen Z ist sehr selbstbewusst

Die Vertreter der Generation Z sind bereits als Experten (im digitalen Zeitalter) geboren worden. Ihr Wissen und ihre Fähigkeiten sind gesucht, was ihnen durchaus bewusst ist. Bei dieser Generation bewerben sich die Arbeitgeber und nicht mehr umgekehrt.

→ Gen Z vollzieht den Gender Shift

Laut einer Studie der Trendforscher von J. Walter Thompson Intelligence sind fast 80 Prozent der 13- bis 20-Jährigen der Überzeugung, das Geschlecht würde eine Person nicht mehr so stark definieren, wie dies einmal der Fall war. Weniger als die Hälfte von ihnen würden sich als vollständig heterosexuell bezeichnen. Damit rückt eine Generation nach, die jenseits des binären Geschlechtermodells denkt, handelt und konsumiert (JWT Intelligence 2016).

→ Gen Z hat ein globales sozial-ökologisches Bewusstsein

Die Gen Z beschäftigt sich stark mit einer Welt, in der sie künftig leben will – allein deshalb achten sie auf Nachhaltigkeit und soziale Gemeinschaft. Bereits die Shell-Jugendstudie aus dem Jahr 2015 bescheinigte den Jugendlichen ein höheres Interesse und Bewusstsein für Umweltschutz als der Vorgängergeneration (Albert/Hurrelmann/Quentzel 2015).

→ Gen Z ist kreativ und erlebnisorientiert

Die junge Generation ist experimentierfreudig und immer auf der Suche nach neuen Erlebnissen. So ist es ihr weniger wichtig, Dinge zu besitzen, als sie zu erleben. Sie lebt die Sharing-Kultur und ist bereit, für die Nutzung und den Zugang zu Experiences zu zahlen. Auch den neuesten Technologien steht sie offen gegenüber. In der virtuell-digitalen Welt schätzt sie jedoch auch das Erleben mit allen Sinnen und das kreative Ausprobieren und Experimentieren.

Für den Handel bedeutet die Kundengruppe der Gen Z ein radikales Umdenken, denn während die Retailer gerade noch in der Transformation hin zu digital-vernetzten Organisationen sind, denken die neuen Konsumenten nicht in Technologien, sondern erwarten spielerische, meinungsstarke und sinnstiftende Handelsunternehmen.

Händler brauchen neue Werte

Vor allem große Handelskonzerne und bekannte Lifestyle-Marken betrifft der Wandel. Denn obgleich die Konsumenten der Gen Z authentische und nachhaltige Produkte und Marken überdurchschnittlich bevorzugen, kauft noch immer eine Vielzahl bei großen, bekannten Marken. Doch je intransparenter die großen Marken werden, desto lauter wird der Unmut der Kunden. Dass sich diese Entwicklung immer stärker auch auf die Giganten auswirkt, zeigen öffentliche Reaktionen auf bestimmte sozial, ethisch und ökologisch nicht korrekte Handlungen der Big Player.

Für einen weltweiten Skandal in den sozialen Medien sorgte 2018 der Modekonzern H&M: Im Online-Shop wurde ein farbiger Junge als Model abgebildet, der einen Pullover mit der Aufschrift „Coolster Affe im Urwald" trug. Eine Woche später nahm H&M das Bild von der Seite und entschuldigte sich. Dennoch war die öffentliche Aufregung bereits groß, was sogar die Aktie von H&M zeitweise sinken ließ. MediaMarkt erlebte 2018 ebenfalls einen großen Shitstorm: Grund war die sexistische Kampagne „Männertage", die nicht nur mit den Klischees zu Männern und Frauen spielte, sondern auch Frauen in besonders aufreizenden Posen zeigte. Für die Generation Social Media ein No-Go. Auch Amazon geriet in die Kritik, als bekannt wurde, dass massenhaft Neuwaren vernichtet werden. Bei einigen Artikeln sei es günstiger, sie zu entsorgen, als sie nach der Retour wieder aufzubereiten und erneut in den Verkauf zu bringen. Für die Textilindustrie und vor allem Fast Fashion Retail ist das nichts Neues – und erreicht auch die High-End-Mode: Die Luxusmarke Burberry verbrannte 2017 Waren im Wert von 28 Millionen Pfund, weil das Unternehmen nicht wollte, dass die Produkte zu Spottpreisen für „jedermann" auf dem Markt landen.
Es ist nur noch eine „Frage der Zeit, bis sich Einzelhändler und Marken ernsthaft und konsequent nach humanitären und nachhaltigen Standards in ihrer Lieferkette richten müssen" (Petro 2018). Denn um das Vertrauen und die Gunst der Gen Z zu gewinnen, muss umgedacht werden: vom Design bis zur Fertigung und der Lieferung – sowie darüber hinaus von verantwortungsbewussten Praktiken im Geschäft bis hin zur transparenten Kommunikation im Internet. „Soziale Verantwortung spielt für Kaufentscheidungen der Gen Z eine große Rolle", ist Christoph Treiber, Partner bei OC&C und Co-Autor der Studie „A generation without borders", überzeugt (Saal 2019).

Tipp: Setzen Sie auf Transparenz in Ihren Prozessen und seien Sie kohärent in Ihren Aussagen und Handlungen. Nichts stört die jungen Konsumenten mehr, als dass die nach außen gezeigten nicht mit den im Inneren der Organisation gelebten Werten übereinstimmen.

Gen Z entdeckt die Vorzüge des stationären Retail

Es scheint unmöglich, doch ein Unternehmen tut sich besonders schwer mit der Gen Z: Amazon ist zwar bei vielen Kundengruppen so erfolgreich wie keine andere Handelsplattform, aber nicht bei der Generation Z. Das liegt hauptsächlich daran, dass die Hauptvorteile der Plattform – Bequemlichkeit und Kosten – nicht die Bedürfnisse der Generation widerspiegeln. Während ältere Generationen mit der Verwaltung von Karrieren und Familien beschäftigt sind und somit ein unkompliziertes und schnelles Einkaufen schätzen, haben die Käufer von Gen Z sowohl Zeit als auch verfügbares Einkommen (Biron 2018). Ein Drittel der für eine Studie von Yes Marketing Befragten der Gen Z in den USA, die nicht bei Amazon einkaufen, bevorzugen es, bei anderen Einzelhändlern zu shoppen, weil sie das Einkaufserlebnis im Geschäft besonders genießen (Yes Marketing 2017). Für sie ist Shopping ein Teil ihres Lifestyles, deshalb suchen sie nach einzigartigen, ansprechenden Erfahrungen im Einzelhandel. Laut einer Studie von Accenture wollen 60 Prozent der Gen Z weltweit lieber in Läden vor Ort einkaufen, in den USA sind es sogar 77 Prozent (Accenture 2017). Vor Ort wünschen sie sich am liebsten Produkte, die nur in kleineren Stückzahlen und über einen kurzen Zeitraum erhältlich sind.

Doch ein Fünftel der Gen Z in Deutschland kauft sogar lieber Erlebnisse statt Produkte ein (OC&C 2019). Zudem suchen die neuen Kunden Erfahrungen, die sie genießen können, die einzigartig sind, die sie in sozialen Medien teilen können. Aus diesem Grund richten große Einzelhändler temporäre Showrooms ein und veranstalten Events wie Konzerte, um jüngere Käufer anzuziehen. Für Retailer ist die stationäre Eventisierung ein großer Zukunftsmarkt und schafft damit ein gutes Gegengewicht zu Online-Pure-Playern.

Gen Z etabliert neue Shopping-Methoden

Für die Gen Z ist zwar der physische Verkaufsort wichtiger als für die Gen Y, jedoch wendet sie sich vor allem Retailern zu, die die neuesten digitalen Tools nutzen. Am PoS können die jungen Menschen etwas live und in Farbe erleben. Online wollen sie ebenfalls unterhalten und überrascht werden; aus diesem Grund finden sie reine Verkaufsplattformen auch wenig interessant. Hingegen sind zwei Drittel der Gen Z weltweit daran interessiert, über Social Media einzukaufen. Diese Kanäle sind stark visuell getrieben – häufig dienen sie als Inspirationsquelle, um sich dann für oder gegen einen Kauf zu entscheiden. Gen-Z-Konsumenten nutzen am liebsten YouTube und zwei Drittel der Gen Z verwenden Instagram, im Vergleich allerdings nur 40 Prozent der Gen Y (Accenture 2017). In Zukunft wird die Instagrammability von Kaufprozessen on- und offline immer wichtiger. Heißt: schnell, einfach und besonders visuell. Geschwindigkeit ist für Gen Z von entscheidender Bedeutung, noch mehr als für Millennials.

Tipp: Seien Sie sich dessen bewusst, dass es der Gen Z um ein „Sowohl-als-auch" geht: Sie bewegen sich ganz natürlich in Social Media und nutzen die neuesten Gadgets. Zugleich schätzen sie Erlebnisse mit ihrer Peer-Group in der Offline-Welt. Schaffen Sie Angebote, die beides verknüpfen.

Sie neigen eher dazu, eine Online-Bestellung zu stornieren, wenn der Liefertermin nicht eindeutig ist, und sind weniger bereit, auf Lieferungen lange zu warten. Sie sind offen gegenüber neuen Shopping-Methoden: 73 Prozent sind beispielsweise an kuratierten Subscription-Commerce-Angeboten insbesondere in der Mode interessiert. Ein Viertel kann es zudem gar nicht abwarten, Voice Commerce zu nutzen (Accenture 2017).

Nicht das Perfekte, sondern das Echte

Vertreter dieser Generation sind es gewohnt, ihr Leben in Social Media von Instagram über Snapchat bis YouTube zu teilen; entsprechend möchten sie weder digital noch real jemandem begegnen, der z.B. das gleiche T-Shirt des gleichen Fast-Fashion-Retailers trägt. So extravagant das Bedürfnis der Gen Z nach einzigartigen Erlebnissen erscheint, so zurückhaltend und nachdenklich ist sie, wenn es um höhere Ideale und Werte geht. Die Generation Z glaubt an Bedeutung, Gerechtigkeit und Individualität; in sich selbst zu vertrauen, sich wohlzufühlen und den eigenen Körper positiv anzunehmen ist für sie besonders wichtig. Sie möchte, dass sich das in Produkten und in Unternehmen wiederfindet, unabhängig von Größe, Ethnizität oder Geschlecht. Die Gen Z glaubt nicht an Perfektion und erwartet, dass Unternehmen gezielt reale Menschen mit realen, qualitativ hochwertigen Produkten ansprechen. Auf Hochglanz photogeshoppte Menschen und Objekte empfinden sie als unauthentisch – sie haben einen starken Filter für Fake-News und ein grundlegendes Bedürfnis nach Authentizität entwickelt. Laut Accenture identifizieren sie sich weniger mit Models, sondern mehr mit gleichgesinnten Influencern, die (mehr oder weniger) echt aus ihrem Alltag berichten, oder hören auf die Meinung ihrer Freunde und Bekannten (Accenture 2017). Darüber hinaus sind Marken und Unternehmen, die aktiv auf Diversität setzen und z.B. durch nachhaltige Produktion und transparente Versorgungsketten soziale Verantwortung übernehmen, bei der Gen Z beliebt. Besonders stark für die Generation Z sind Marken die sich spielerisch ihrer sozialen Verantwortung stellen und immer wieder neue Erlebnisse schaffen.

Vier Zukunftsfelder für den Gen Z Retail

Die Anforderungen und Einstellungen der Gen Z werden im Handel viel verändern. Wir haben vier Zukunftsfelder festgehalten, auf die sich der Handel einstellen kann.

Zukunftsfeld 1

Stationäre Sinn-Tempel

Hier wird der Point of Sale als realer Ort mit einem abgestimmten Konzept von kuratierten Produkten, Workshops und Events, Lifestyle-Beratung und ökologisch orientiertem Design zelebriert. Er wird mit neuer Bedeutung aufgeladen und präsentiert all seine Vorzüge und Möglichkeiten: Konsumieren macht Sinn.

Fokus:
Real – Offline

Produkte:
Fairtrade – Curated

Events:
Food&Friends – Workshops

Beratung:
Lifestyle Expert

Design:
Eco Design – Limited Edition – Post Plastic Packaging

Der Adidas Store steht unter dem Motto „Stadium".
Foto: adidas AG

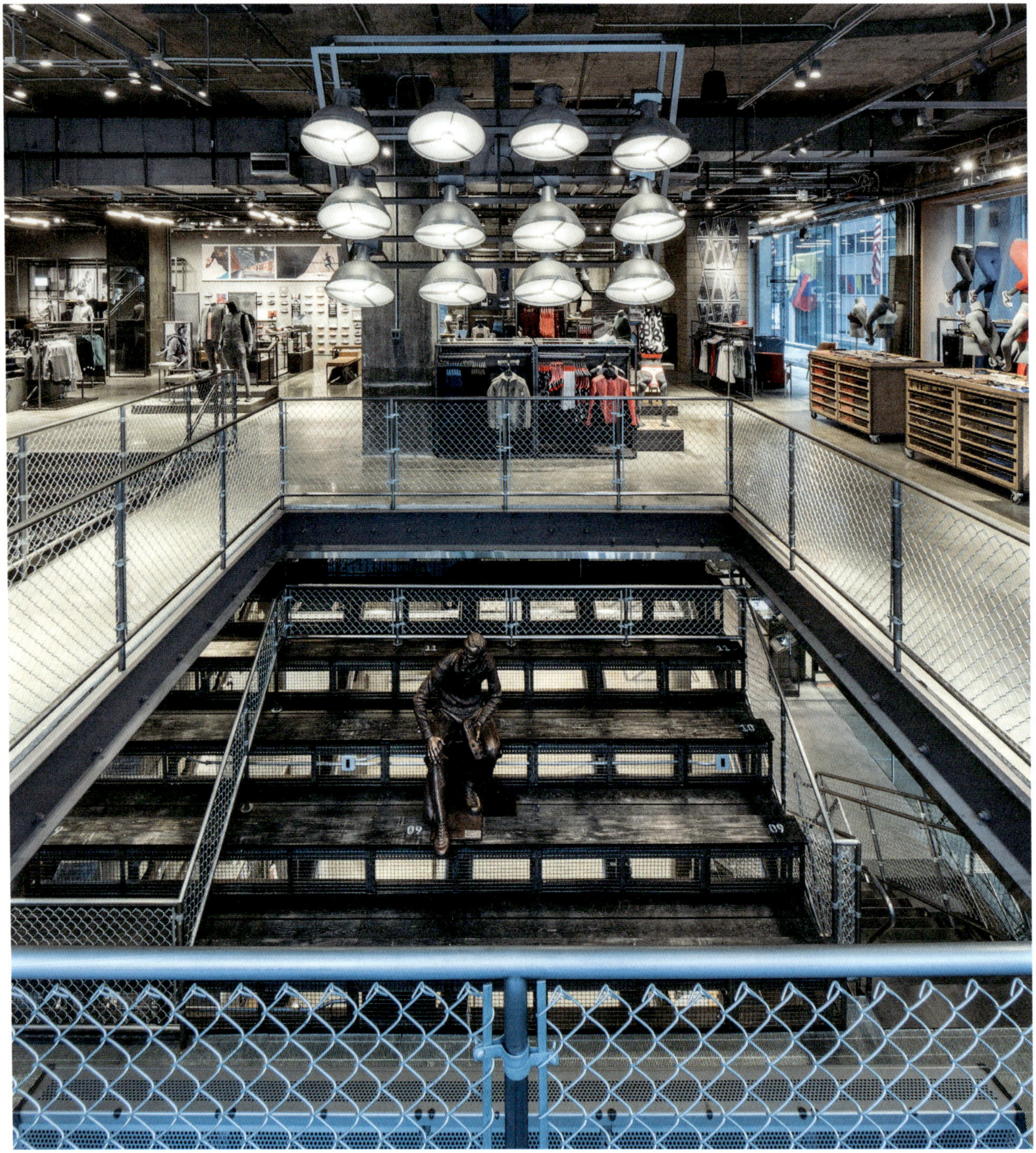

Im Inneren ist er an das Design eines Sportstadions mit Tribünen angelehnt.
Foto: adidas AG

Sporttempel mit gutem Gewissen

BEST PRACTICE: ADIDAS

Im Adidas Store „Stadium“ in New York wird Kreativität großgeschrieben. Das Geschäft ist in Anlehnung an ein Sportstadion gestaltet: Eine Laufbahn ermöglicht es den Besuchern, die Produkte vor Ort auszuprobieren. Die Umkleidekabinen ähneln Stadion-Umkleiden, Tribünen mit großen Bildschirmen ermöglichen Public Viewing. Doch nicht nur der Sport wird gefeiert, sondern auch das Thema Nachhaltigkeit. Das Gebäude, in dem sich der Store befindet, wurde komplett erhalten. Zudem wurden die Schaufensterpuppen und Kleiderbügel aus recyceltem Meeresplastik hergestellt. Das Angebot wird durch außergewöhnliche Services abgerundet: von der Fitnessberatung und einer Laufanalyse, über gesunde Snacks und Säfte bis hin zu einem Lieferservice ins Hotel.

adidas-group.com

Sustainable Luxury

BEST PRACTICE: MAIYET

Die nachhaltige Luxusmarke Maiyet arbeitet direkt mit Designern auf der ganzen Welt zusammen. Im Herbst 2018 wurde der Concept Store „The Maiyet Collective“ in London eröffnet. Dieser befindet sich im Gebäude des ökosozial orientierten Members Club The Conduit, der NGOs und Gründer mit Investoren zusammenbringt. Der Retail Space hat an drei Tagen in der Woche geöffnet und präsentiert wechselnde Ausstellungen von Luxusobjekten, kombiniert mit regelmäßigen Events rund um Nachhaltigkeit.

maiyet.com

Im Store The Maiyet Collective findet sich eine kuratierte Auswahl an nachhaltigen Luxusprodukten.
Foto: Abbie Roden

Zukunftsfeld 2

Individuelle Kreativ-Playgrounds

Hier steht das spielerische Erleben im Mittelpunkt, der Point of Sale wird zur Gamezone. Das Produkt und die Marke rücken in den Hintergrund, wer wünscht, wird exzellent von Experten zu den Produkten beraten. Der Ort wird zum Community-Treffpunkt, an dem die neuesten Technologien erlebt werden können.

Fokus:
Gamezone

Produkte:
Less is more – Product Gallery – im Hintergrund

Events:
Lifestyle-Welten – Chill-Zones – Community Place

Beratung:
Product Expert

Design:
AR Worlds – Trends&Brands – Tech Experience

Schönheit feiern

BEST PRACTICE: **BEAUTYCON**

Beim Beautycon-Festival in Los Angeles und New York präsentieren sich unzählige Kosmetikmarken, deren Produkte direkt ausprobiert werden können. Daneben bietet das Rahmenprogramm die Möglichkeit, sich mit Influencern und Stars zu treffen sowie an Live Tutorials teilzunehmen, untermalt von wummernden Bässen und viel Glitzer. Dabei gibt sich die Veranstaltung bewusst offen und zelebriert das individuelle Anderssein im Gegensatz zu einem vorherrschenden Schönheitsideal. 2018 besuchten rund 30.000 Gäste das Beauty-Festival – wobei es sich dabei mehrheitlich um die Generation Z handelt, deren Werte das Konzept spiegelt. Beautycon ist eines der bekanntesten Happenings dieser Art und absolut Social-Media-tauglich. So zeigt das Unternehmen eindrucksvoll, wie man die junge Generation erreichen und begeistern kann.

beautycon.com

Einen leeren Laden präsentierte Lego zur Londoner Fashion Week.
Foto: Lego Wear

Mode virtuell entdecken

BEST PRACTICE: LEGO WEAR

Lego Wear eröffnete zur Londoner Fashion Week einen Pop-up-Shop: einen leeren Laden nur für einen Tag. Der Clou: Ausschließlich Snapchat-Nutzer konnten die neue, limitierte Kollektion sehen und kaufen. Auf einem Sockel in der Mitte des 30 Quadratmeter großen Raums fand sich eine Installation eines Snapcodes aus Legosteinen, den die Besucher via App einscannen konnten. Hierüber traten sie in einen virtuellen Raum, in dem mit Hilfe der Augmented-Reality-Technologie die Kleidung an Lego-Mannequins präsentiert wurde. Natürlich konnte die Mode auch direkt im virtuellen Store gekauft werden.

legowear.com

Zukunftsfeld 3

Digital denkende Lokalhelden

Hier wird das Lokale mit neuen Technologien verknüpft und lässt Neues und Innovatives in der scheinbar altbekannten Nachbarschaft entdecken. Die Produkte sind frisch und hyperlokal, direkt von nebenan. Aus diesem Grund können die Waren auch ganz umweltfreundlich mit dem Rad ausgeliefert werden. Ziel ist es, Menschen in einer Stadt oder Region zu verbinden.

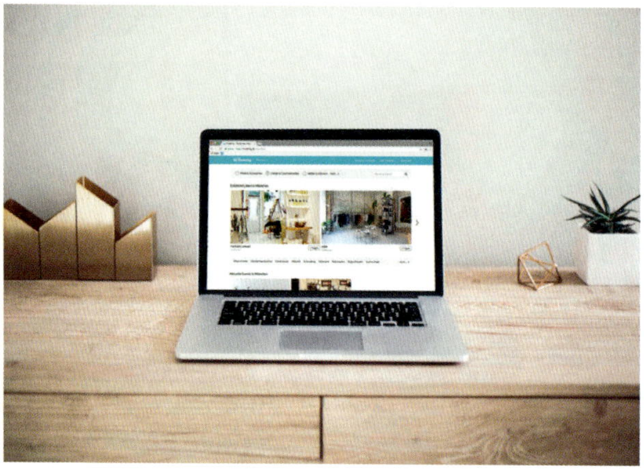

Online entdecken, offline erleben – das ermöglicht die Plattform Findeling. Foto: Findeling

Fokus:
Neighbourhood

Produkte:
Fresh – Hyperlocal – Ecofriendly

Lieferung:
Smart by Bike

Services:
Local – Inspire me – Connect me

Lokale Helden entdecken

BEST PRACTICE: FINDELING

Den lokalen Handel stärken – genau das möchten die jungen Macher hinter dem Start-up Findeling. Florian Schneider und Katharina Walter gründeten das Unternehmen noch zu Studienzeiten. Die Idee kam ihnen durch die Erkenntnis, dass sie viele Produkte, die sie vor allem online einkauften, auch beim Laden um die Ecke bekommen. Aus diesem Grund starteten sie 2016 Findeling in Hamburg, eine Informations- und Stöberplattform für Konsumenten, die gerne in den kleinen, inhabergeführten Geschäften einkaufen. Ihr Ziel ist es, Menschen wieder für den Besuch der kleinen Läden zu begeistern und neue Lieblingsläden in der Nachbarschaft zu entdecken. Inzwischen gibt es Findeling nicht nur in Hamburg, sondern auch in Berlin, München, Köln, Stuttgart, Frankfurt und Düsseldorf.

findeling.de

Zukunftsfeld 4

Soziale Grenzgänger

Hier werden unorthodoxe Wege nicht nur gegangen, sondern ganz neue, unbekannte Pfade entdeckt, um die Welt ein Stück besser zu machen. Die Produkte sind handgefertigt, oft upgecyclet, und somit erhalten sie eine einzigartige Aura. Die Geschichte hinter dem Produkt macht es aus. Aus diesem Grund findet sich an diesen Orten oft eine Do-it-yourself-Werkstatt oder ein Repair-Café, und Open Design spielt eine wichtige Rolle.

Fokus:
Otherworlds

Produkte:
100% Hypereco & Handmade – Exclusive not Expensive – Stylish

Events:
DIY – Repair Café – Instagrammable – Street Food

Beratung:
Wellbeing – Storytelling

Design:
Open Design – Cool Transparency

Ganz oder gar nicht

BEST PRACTICE: **ETSY**

Die Kreativ-Community Etsy hat eine nachhaltige Mission. Nach eigenen Angaben ist sie das erste globale E-Commerce-Unternehmen, das seine aus dem Versand resultierenden Kohlenstoffemissionen zu 100 Prozent ausgleicht. Das funktioniert folgendermaßen: Nach jedem über die Plattform getätigten Kauf investiert Etsy in Emissionsminderungszertifikate. Die Erlöse dieser Zertifikate kommen dann Umweltprojekten zugute. Dabei sind die Klimakompensationen nur ein Meilenstein in der nachhaltigen Ausrichtung des Unternehmens: Sie „sind eine sofortige Maßnahme von Etsy, um die ökologischen Auswirkungen unseres Unternehmens auszugleichen. Gleichzeitig arbeiten wir an langfristigen Lösungen, um unsere Emissionen zu verringern", betont Josh Silverman, CEO von Etsy. Zudem soll bis 2020 der Strom am Headquarter in New York komplett aus erneuerbaren Energien stammen.

etsy.com

Nachhaltigkeit wird bei Etsy großgeschrieben – deshalb gleicht die Online-Plattform ihre CO_2-Emissionen aus, die durch den Versand entstehen. Foto: Etsy

Im Einkaufszentrum ReTuna finden sich nur Produkte, die schon ein erstes Leben hinter sich haben.
Foto: ReTuna

Secondhand-Mall

BEST PRACTICE: RETUNA

In der Shopping Mall ReTuna Återbruksgalleria in der schwedischen Stadt Eskilstuna werden ausschließlich gebrauchte Produkte angeboten. Dabei ist das Einkaufszentrum zugleich Annahmestelle für nicht mehr gebrauchte Waren, Reparaturstation sowie Verkaufsort für Secondhand- und upgecycelte Objekte. In 14 Läden bekommen Möbel, Kleidung, Elektrogeräte, Spielwaren, Fahrräder und sogar Baumaterialien ein zweites Leben eingehaucht und hoffen auf neue Besitzer. Im Café Returama kann sich der Besucher an einem Angebot an Speisen und Getränken erfreuen, die aus Bio- und regionalen Produkten hergestellt werden. Für klimafreundliche Meetings und umweltbewusste Konferenzen können Tagungsräume gemietet werden. Zudem beherbergt die Secondhand-Mall eine Volkshochschule, die dort einen einjährigen Kurs zu Recycle-Design durchführt.

retuna.se

Fazit

Gen Z

1 Die Gen Z lebt ihre Werte konsequent. Besonders wichtig ist ihr eine soziale und ökologische Verantwortung. Diese fordern sie auch als Konsumenten ein und strafen ein mangelndes Verständnis und Bewusstsein seitens der Marken und Händler ab.

2 Obwohl die Generation Z mit der permanenten Vernetzung aufgewachsen ist, schätzen sie trotzdem – oder auch gerade deswegen – das Einkaufserlebnis im Brick and Mortar Retail. Doch sie konsumieren lieber Erlebnisse statt Produkte – darauf muss sich der stationäre Handel einstellen.

3 Jugendliche und junge Erwachsene sind gegenüber neuen Technologien sehr aufgeschlossen. Wer diese Zielgruppe ansprechen möchte, kann sich selbst als Händler oder Hersteller experimentierfreudig zeigen und Retail Tech wie Voice Commerce, Subscription-Modelle, Chatbots, Virtual und Augmented Reality am PoS einsetzen.

4 Gen Z möchten ernst genommen werden: In einer Welt der ständigen Optimierung legen sie Wert auf das Echte und Authentische. Sie lassen sich nicht durch eine perfekte Inszenierung von Produkten in einem perfekten Umfeld blenden. Sie wollen höchst individuell als Menschen angesprochen werden.

Wie Künstliche Intelligenz die Handelswelt verändert

Foto: Smart Aisle

BEST PRACTICE:

Algorithmic Retail

Künstliche Intelligenz ist längst zum Buzzword im Handel geworden. Um diesen Begriff ranken sich Mythen, große Heilsversprechen sowie Horrorszenarien. Klar ist: Systeme, die selbstständig lernen und Entscheidungen treffen, werden in den nächsten Jahren den Handel umkrempeln. Bestehende Trends wie die Personalisierung von Produkten und Services, die „persönliche" Betreuung in Dialogform durch Bots und die individuelle Ansprache im Marketing werden durch KI weiter verstärkt. Der Boom von Künstlicher Intelligenz führt letztendlich zu einem neuen Level der Personalisierung, die den Menschen, ob als Kunde, Nutzer oder Gast, wieder in den Mittelpunkt rückt.

Der Status quo von KI: Zwischen Angst und Begeisterung

In Kinofilmen und in Sci-Fi-Geschichten gibt es sie schon lange: Intelligente Maschinen, die – mal beängstigend, mal faszinierend – Teil unseres Alltags geworden sind. In dem Film „Blade Runner 2049" etwa taucht der Zuschauer in ein dystopisches Los Angeles ein, in dem smarte Androiden kaum mehr von Menschen unterscheidbar sind. Künstliche Intelligenz (KI) durchdringt die post-kapitalistische Welt in allen Sphären – gesteuert von einem skrupellosen KI-Megakonzern, der die Macht über Technologie und Daten in den Händen hält. In Blade Runner 2049 ist die Menschheit gefangen in einem Strudel beständiger Illusionen, Simulationen und Stimulationen.

Viele neue Technologien starten zunächst als Randerscheinung in bestimmten Nischen. Nur Spezialisten der ersten Stunde beschäftigen sich mit ihnen und entwickeln sie meist unbeachtet von der Öffentlichkeit weiter. Eines Tages ist es dann so weit: Die neue Technologie tritt über die Schwelle zur medialen Aufmerksamkeit. Plötzlich ist sie in aller Munde und erzeugt große Hypes, aber auch Ängste. Beim Thema Künstliche Intelligenz stehen wir am Zenit dieser Hype-Phase. Doch auf die Euphorie des Anfangs folgt in der Regel die Entzauberung. Erwartungen bleiben (vorerst) unerfüllt, Versprechen können nicht eingelöst werden. Es folgt eine Phase der Ernüchterung. Doch auch diese Phase ist wichtig: Hier entwickeln sich Technologien zu ihrer wahren Reife und entfalten ihre Potenziale fernab von überhöhten Heilsversprechen und überzogenen Horrorvisionen.

Klar ist: Künstliche Intelligenz ist gekommen, um zu bleiben. Die Einsatzmöglichkeiten dieser Technologie sind vielfältig: von physischen Geräten wie Robotern, selbststeuernden Fahrzeugen und allen Arten elektrischer Geräte bis zu digitalen Apps und Services wie virtuellen persönlichen Assistenten (VPAs) oder smarten Beratern. Von den großen Playern entwickelte Systeme wie Googles Deep Mind oder IBMs Watson übertreffen sich gegenseitig mit Sensationsmeldungen. So besiegte die Deep Mind-KI Alpha Go den weltbesten menschlichen Go-Spieler. Zuletzt nahm IBMs Miss Debater, eine KI, die von den Machern hinter Watson auf das Argumentieren programmiert wurde, an einer Diskussionsrunde mit Harish Natarajan, einem der weltbesten Debattierer, teil – und schlug sich prächtig. Die großen Tech-Konzerne haben das Potenzial von KI verstanden und sind dabei, sich den Kuchen untereinander aufzuteilen – denn nur wer Zugriff auf große Mengen Daten hat, kann KI gewinnbringend für sich nutzen. Persönliche Assistenten in Form von KI-basierten Sprach-Interfaces wie Amazons Alexa oder Apples Siri werden intelligenter und erweitern konstant ihr Fähigkeitsspektrum und sammeln dabei immer mehr, immer intimere Daten über ihre Nutzer. Auch Chatbots, etwa für Facebook Messenger oder Google Assistant, sind heute von KI gestützt und können damit neue intelligente Verbindungen zwischen Menschen und Systemen schaffen. Und nichtsdestotrotz steht KI im Handel noch relativ am Anfang.

KI im Handel – auf der Suche nach Sinn

Wenn man die aktuellen Use Cases betrachtet, sind es vorwiegend die großen Retail-Plattformen, die KI umfassend einsetzen und damit mutig experimentieren. Die Möglichkeiten sind enorm, der technologische Fortschritt führt zu einer permanenten Erweiterung der Einsatzfelder und zu einer Verbesserung der Ergebnisse. Trends wie Open Commerce, Chatvertising, Dash Delivery, RoboRetail und Voice Commerce wurden bereits in den vorherigen Ausgaben des Retail Reports aufgezeigt und beschrieben. Doch wo ist die Nutzung von KI sinnvoll, wo bringt sie echten Mehrwert im Handel? Und wo bleibt sie eine nette Spielerei?

Viele KI-basierte Prozesse haben sich im Handel bereits etabliert: von der Analyse von Kundendaten und Prognosetools über die Optimierung der Warenbewirtschaftung und Routenplanung der gesamten Supply Chain bis hin zum Dynamic Pricing. Pionier ist hier der Tech-Gigant Amazon, der mittels KI Logistik, Service, Angebot und Marketing effizienter und individueller gestaltet. Amazon ändert seine Preise dutzende Male am Tag und weiß

Tipp: KI muss gelebt werden und Teil der Unternehmenskultur sein. Es bringt wenig, wenn externe Experten sich mit dem Thema beschäftigen und die bestmöglichen Lösungen vorschlagen, wenn die Mitarbeiter nicht als Team involviert sind und den Nutzen nicht verstehen sowie ihnen die Kompetenzen für die Anwendung fehlen.

durch Analysen des Kundenverhaltens, was seine Kunden wann wünschen. Doch wie ist es mit den großen und kleinen Händlern fernab der Retail-Disruptoren, die mehr Tech-Konzern denn Retailer sind?

Zwar ist der Handel immer noch zurückhaltend, wenn es um den Einsatz von KI geht. Allerdings integrieren ein Viertel der globalen Top-250-Retailer bereits heute KI im Unternehmen (Capgemini 2018). Knapp ein Drittel der für das Whitepaper „Smart Store" befragten Handelsunternehmen im deutschsprachigen Raum setzen bereits KI ein, 36 Prozent haben konkrete Umsetzungspläne für die kommenden drei Jahre. Dass KI den Handel maßgeblich verändern wird, darüber herrscht unter den 90 befragten IT-Entscheidern Konsens. Mehr als zwei Drittel (69 Prozent) sehen KI als wichtigsten technologischen Trend der kommenden Jahre. Vor allem im Bereich von Predictive Analytics wird KI eine tragende Rolle spielen, sind sich mehr als die Hälfte einig (EHI Retail Institute 2019).

Auch die Konsumenten stehen dem Einsatz von KI beim Einkauf positiv gegenüber: Laut einer Studie von PwC finden 71 Prozent der Befragten in Deutschland KI im Einzelhandel zumindest teilweise gut. Über die Hälfte (59 Prozent) würden ihre Körpermaße im Geschäft digital vermessen lassen, damit der Händler danach die passenden Kleidungsstücke finden kann. 36 Prozent interessieren sich sogar für komplett durch Algorithmen gesteuerte Bestellungen. Speziell Millennials und die Generation Z (siehe auch S. 94) begrüßen den Einsatz smarter Systeme im Handel (PwC 2018).

Der Untergang der Service-Roboter

Die letzten Jahre waren Lehr- und Lernjahre. Vor allem im Bereich der KI zeigt sich, dass vieles technisch möglich ist, allerdings nicht alles davon gesellschaftlich akzeptiert wird. Vor allem Projekte, in denen Technologie den Menschen ersetzen soll, stoßen auf Skepsis. Mehr als acht von zehn Deutschen lehnen es ab, von einem Roboter im Laden beim Einkauf beraten zu werden (PwC 2018). Kaum verwunderlich, dass Projekte, in denen Roboter als Ansprechpartner und Verkäufer fungieren, bisher scheiterten. Die Roboterpsychologin Dr. Martina Mara erklärt

Das KI-Lexikon

Wer sich mit KI auseinandersetzt, trifft auf eine ganze Reihe an neuen Begriffen. In den letzten Jahren haben sich besonders folgende Technologien durchgesetzt:

Predictive Analytics

Mit Hilfe von Datenanalysen versuchen Unternehmen die Frage zu beantworten, was aller Wahrscheinlichkeit nach in der Zukunft passieren wird. Ziel ist es, bessere Entscheidungen zu treffen. Hierbei bietet KI viele neue Möglichkeiten. Der technologische Fortschritt schafft ständig bessere Algorithmen, günstigere, stärkere cloud-basierte Computerkapazitäten und umfangreichere Datensätze. Immer mehr Unternehmen nutzen KI für sich, um aktiv auf Veränderungen reagieren zu können, statt von ihnen überrascht zu werden. Wer verlässliche Zukunftsprognosen hat, kann klügere Entscheidungen treffen und Risiken besser abschätzen.

Conversational Interfaces

Neue Technologien wie Chatbots oder persönliche Assistenten ändern die Art und Weise, wie Menschen mit der digitalen Welt interagieren. Diese Interaktionen finden in erster Linie über geschriebene oder gesprochene Sprache statt und reichen von simplen Befehlen bis zu komplexeren Unterhaltungen. Conversational Interfaces hatten um 2016/2017 ihren Durchbruch, als Smart Speaker wie Amazon Echo und Google Home auf den Markt kamen. Die neue Technik leitet einen Paradigmenwechsel ein: Es ist nicht mehr der User, der die Technik lernen muss; es ist die Technik, die lernen muss, was der User will. In der Zukunft wird die Zahl der Unternehmen wachsen, die Chatbots nutzen, um mit ihren Kunden zu interagieren, da die Spracherkennungsfunktionen immer ausgefeilter werden und zu immer mehr fähig sind. Zudem lernen die meisten Smart Bots mit Hilfe von KI kontinuierlich dazu, um ihre Nutzer besser zu verstehen.

Robotic Process Automation

Diese Technologie erlaubt es Unternehmen, Geschäftsprozesse zu automatisieren. Ebenso wie industrielle Roboter dazu beitragen, die Produktion und die Qualität der Produkte eines Herstellers zu optimieren, helfen Prozessroboter, Geschäftsprozesse zu verbessern, wie etwa den IT-Support, den Workflow oder andere Büroarbeiten. Ein Anwendungsbeispiel sind Bots, die automatisch auf Standard-E-Mail-Anfragen antworten, um Mitarbeitern den Rücken freizuhalten, sodass diese komplexere Fälle bearbeiten können. Ein großer Vorteil der Roboter ist ihre 24/7-Einsetzbarkeit und -Verfügbarkeit und ihre geringe Fehlerquote im Vergleich zu menschlichen Mitarbeitern. Außerdem muss für ein Problem nur einmal eine Lösung programmiert werden, die fortan dauerhaft und immer wieder abgerufen werden kann.

Computer Vision

Computer Vision ist ein Analysetool, das Systemen hilft, digitale Bilder und Videos zu verstehen. Die Technik kann zum Beispiel KI-Systemen wie selbststeuernden Fahrzeugen bei der unfallfreien Navigation helfen. Weitere Einsatzmöglichkeiten gibt es etwa im Security- und Überwachungsbereich, wie zum Beispiel der Gesichtserkennung bei Grenzkontrollen. Händlern kann die Technik helfen, das Einkaufsverhalten der Kunden zu analysieren, um die Regalgestaltung und Warenpräsentation zu optimieren. Außerdem kann Computer Vision bei der Diebstahlprävention helfen. Auch im Marketing kann die Technik zum Einsatz kommen, etwa um die Effektivität von Werbung zu messen.

Intent Recognition

Wenn man die Erwartungshaltung des Kunden möglichst gut treffen will, kommt Intent Recognition ins Spiel. Die Technologie analysiert: Ist der Kunde schon im Bestellprozess oder informiert er sich nur, ist er offen für Anregungen oder hat er eine Frage? Kurz: Was ist zu welchem Zeitpunkt für ihn relevant? KI gleicht das Kundenverhalten mit bereits vorhandenen Datensätzen ab und findet so heraus, an welchem Punkt der Customer Journey der Kunde gerade ist und wie er am besten abgeholt werden kann. Algorithmen berechnen dann, wie hoch die Kaufwahrscheinlichkeit ist und ob es notwendig ist, dem Kunden weitere Informationen zur Verfügung zu stellen.

das Phänomen, dass Roboter als unheimlich angesehen werden, mit der Anthropomorphismus-Falle: Die Technologie wird vermenschlicht – sprich: leblosen Objekten werden menschliche Eigenschaften und Bedürfnisse zugeschrieben (Mara 2016). Sobald ein Roboter also im Laden auf einen Besucher zurollt und mit Kulleraugen fragt, wie er ihm helfen könne, tappen wir als Menschen genau in diese Falle. Wir fühlen uns unwohl, sind aber zugleich neugierig und fasziniert. Am Ende siegt die Enttäuschung: Roboter sind doch nur Maschinen, sie gelten als zu unpersönlich und zu unintuitiv. Hier zeigen sich die Grenzen von KI: Roboter können keinen Verkäufer ersetzen.

Einen dieser Versuche, einen Serviceroboter im Geschäft einzusetzen, führte Media-Saturn durch. Paul ist ein KI-basierter Verkaufsberater, der seit 2016 im Ingolstädter Saturn-Markt unterwegs ist. Paul kann Informationen über Produkte geben und Kunden auf Wunsch direkt zu ihnen führen. Die Nutzung von Paul ist allerdings schwierig, denn weder das Verständnis noch die persönliche Beratung können mit einem „echten" Berater mithalten.

Kontrolle ist gut – Transparenz ist besser

Auch das Scheitern des Amazon Dash Buttons, der Anfang 2019 in Deutschland wieder eingestellt wurde, zeigt Grenzen der Automatisierung auf. Nicht nur Kunden ist es schwergefallen, die komplette Kontrolle mit einem Klick abzugeben. Die Verbraucherzentrale klagte erfolgreich gegen den Konzern, weil der Dash Button gegen Richtlinien zur Preistransparenz verstoße (Verbraucherzentrale 2019). Das größte Hindernis im Einsatz von KI beim Einkauf ist das Gefühl der Kunden, bei zu viel KI fremdgesteuert zu werden und somit die Kontrolle zu verlieren.

Einer Umfrage von RichRelevance, einem Anbieter von Omnichannel-Personalisierung, zufolge empfinden die Befragten in den USA es vor allem als unheimlich, wenn Shopping-Empfehlungen aufgrund von Verhaltenstracking durch Wearables oder durch Gesichtserkennung ausgesprochen werden; oder wenn ein Unternehmen die Lebensweise einer Person so gut kennt, dass es automatisierte Produktbestellungen für die Person tätigen kann (RichRelevance 2018). Menschen wollen selbst entscheiden, wann, wo und was sie kaufen. Aus diesem Grund fordert eine große Mehrheit der Konsumenten, dass Unternehmen offenlegen, wann und vor allem wie sie KI einsetzen.

↘ Tipp: Datenberge anhäufen um des Sammelns willen mag zwar auf den ersten Blick sinnvoll erscheinen, doch muss die konkrete Anwendung im Mittelpunkt stehen: Worum geht es mir, was will ich konkret erreichen, wo hilft mir Data Analytics, Prozesse zu vereinfachen? Die Anwendung bestimmt die Daten, nicht die Daten die Anwendung.

Die Fehlschläge zeigen die Wandlung von KI. Dort, wo die Technologie dem Menschen aus der Hand gleitet bzw. sich der unmittelbaren Kontrolle entzieht, und dort, wo zu wenig persönliche, menschliche Interaktion noch Raum hat, ist der Einsatz bisher gescheitert. Im Gegensatz dazu werden Maßnahmen vom Kunden begeistert angenommen, die effizientere, sicherere und persönlichere Leistungen bieten sowie Mensch und Maschine in Balance bringen. Der sichere Umgang mit Daten, die Transparenz, wie KI zum Einsatz kommt, und der Fokus auf den Menschen als Individuum – weniger auf die Technologie – sind die ersten Schritte hin zu einer neuen, nachhaltigen KI-Handelswelt.

Fünf Felder für den Mensch-Maschine-Retail der Zukunft

Aus dem Hype um KI wird schnell Realität. Praxistests im Alltag zeigen: Es wird nur das bleiben, was vom Menschen als wirkliche Erleichterung, Bereicherung oder als besonderes Erlebnis angenommen wird. Als Grundlage gelten fünf Felder für den Handel der Zukunft, die den Kriterien einer effizienten, aber auch sicheren, ethisch-sozialen sowie erlebnisreichen Handelswelt genügen.

1. Optimierung der Supply Chain durch smarte Datenanalyse

Der Einsatz von Predictive Analytics spielt schon heute im Supply-Chain-Management eine wichtige Rolle. Die Analyse großer Datensätze hilft Einzelhändlern, ihren Warenflussprozess zu optimieren. Mithilfe von smarten Analysen zu aktuellen Nachfragen in bestimmten Regionen oder zu bestimmten Jahres- und Tageszeiten können sie besser entscheiden, welche Produkte sie ins Sortiment nehmen, wann diese Waren im Laden gebraucht werden und wo sie im Regal stehen sollen. Anhand dieser Daten kann auch ermittelt werden, wann der richtige Zeitpunkt für Sonderangebote ist, welche Preise generell sinnvoll sind und wann etwa eine Gutscheinaktion besonders effektiv ist. Der Einsatz von Predictive Analytics in der Warenwirtschaft schafft eine effizientere Lieferkette und weniger Abfallprodukte (vor allem im LEH). KI wird sich in dieser Form der vorausschauenden Analyse weiter durchsetzen, weil sie unauffällig, aber äußerst effizient im Hintergrund läuft und für Händler einen echten Mehrwert bietet.

15 von 16 untersuchten deutschen Online-Shops verwendeten 2018 Dynamic Pricing, wie eine Untersuchung der Verbraucherzentralen zeigt (Verbraucherzentrale Brandenburg 2018). Besonders beliebt ist die Technologie in den Bereichen Elektronik, Apotheken, Autoteile und Mode. Während das bei zwei Drittel der Kunden bei Kleidung oder Schuhen akzeptiert ist, lehnen 71 Prozent der Deutschen dynamische Preise bei Medikamenten grundsätzlich ab (PwC 2018). Diese Erkenntnisse zeigen, dass vor allem beim Dynamic Pricing Transparenz gegenüber den Kunden eine große Rolle spielt, nämlich wann die Technologie zu welchem Zweck eingesetzt wird.

Weniger Abfall durch optimale Prognosen

BEST PRACTICE: CARREFOUR

Die französische Supermarktkette Carrefour ist der erste französische Einzelhändler, der KI nutzt, um das Bestandsmanagement umfangreich zu optimieren und damit Abfälle zu reduzieren. Mit dem Einsatz der Analytics-Software SAS Viya werden Prozessdaten aus Ladengeschäften, Lagerhallen und Webshops analysiert und somit die Lieferkette optimiert sowie Warenbestände besser geplant. Ziel ist es, Überbestände und Food Waste zu minimieren. „Der Einsatz von KI gibt unseren Mitarbeitern mehr Zeit für die Entwicklung differenzierter Forecasting-Strategien – so können wir die Erwartungen unserer Kunden erfüllen und gleichzeitig Überschuss reduzieren", erklärt Franck Noël-Fontana, Forecasting Director bei Carrefour France.

carrefour.com; sas.com

Bessere Entscheidungen durch KI

BEST PRACTICE: BLUE YONDER

Das Karlsruher Unternehmen Blue Yonder gilt als führender Anbieter von KI-Lösungen für den Handel. Die Software bietet Vorschläge zur Preisoptimierung von Produkten, mit denen der Gewinn um mehr als fünf Prozent maximiert werden kann. Zudem werden selbstlernende Supply-Chain-Systeme zur Verfügung gestellt, sodass Out-of-Stock-Situationen der Vergangenheit angehören. Zahlreiche Einzelhandelsunternehmen nutzen die Technologie von Blue Yonder bereits: So setzt Kaufland sie dazu ein, in den Filialen die richtige Menge an Frischfleisch anbieten zu können. Der Modehändler Ernsting's Family managt mit der KI kurze Kollektionszyklen. Für den Versandhändler Bonprix ermöglicht Blue Yonder eine automatisierte, höchst flexible und granulare Preissetzung auf dem internationalen Markt. Die Otto Group, Vorreiter in Deutschland für den Einsatz von KI im Handel und Gründungsinvestor von Blue Yonder, verkaufte das Unternehmen im Sommer 2018 an den amerikanische Softwareanbieter JDA. Ziel von Otto sei es gewesen, Blue Yonder „auf den nächsten großen Schritt zu weiterem Erfolg vorzubereiten", erklärt der stellvertretende Vorstandsvorsitzende der Otto Group, Dr. Rainer Hillebrand (Heeg 2018).

blueyonder.ai

2. In-Store Experience

Smarte Erlebnisse stellen den Kunden in den Mittelpunkt

Vielerorts wird mit KI experimentiert, um das Einkaufserlebnis zu verbessern. Besonders „Smart Mirrors", interaktive Spiegel, die dem Kunden die Kollektionen vor Ort zeigen, sodass er die Kleidungsstücke nicht mehr anprobieren muss, werden mit den sogenannten Smart Stores verknüpft. Doch im Gegensatz zu den vordergründigen Technologien, die Kunden schnell als Spielerei abtun, sind es die unsichtbaren Technologien im Hintergrund, die das Einkaufserlebnis einfacher und personalisierter gestalten. In smarten Stores der Zukunft gehören daher Bezahlmodelle per Fingerabdruck oder Sensortechnik, ohne an der Kasse Schlange stehen zu müssen, dazu (siehe auch Cashfree Retail, S. 56). Intelligente Servicestationen im Handel, seien es smarte Regale mit Chatbot-Funktion oder interaktive digitale Displays, geben Kunden Auskunft und weisen auf die Berater und Kuratoren des Geschäfts hin. Aber auch Mitarbeiter mit mobilen Devices auszustatten, wie es beispielsweise die Drogeriekette dm in ihren Filialen macht, um selbst bestens informiert zu sein und Kundenanfragen direkt und spontan vor Ort beantworten zu können, sorgt für ein angenehmes Erlebnis im Store.

Kundenservice – einfach, aber smart

BEST PRACTICE: DM

Die deutsche Drogeriemarktkette dm geht in Sachen KI einen ebenso einfachen wie effizienten Weg: Sie rüstete alle Filialmitarbeiter mit einem Smartphone aus. Was sich banal anhört, überzeugt mit vielfältiger Anwendung: Die Mitarbeiter haben jederzeit Zugriff auf Informationen über Warenbestand, Lieferzeiten oder Inhaltsstoffe, die so den Kunden sofort weitergegeben werden können – ohne dass zuerst telefoniert oder ins Büro gegangen werden muss. Gleichzeitig hilft das Tool bei der Warenbewirtschaftung und vereinfacht die Team-Kommunikation. Davon profitiert letztlich der Kunde, der schneller und besser beraten zu seinen Produkten kommt.

dm.de

Sprechende Regale

BEST PRACTICE: SMART AISLE

Ein Regal, das Fragen zum gewünschten Produkt stellt und einem dann passgenau Vorschläge macht? Smart Aisle macht genau das! Mittels Voice-Speakern verwandelt das Unternehmen Store-Regale in smarte Verkaufsassistenten. Ob Preis, Inhaltsstoffe, Geschmack oder sonstige Informationen – Smart Aisle informiert den Kunden bestens über das verfügbare Sortiment. Eingesetzt wird die Software bisher in Boutique Getränke-Stores in den USA und ermöglicht so einen Spirituosenkauf der besonderen Art.

smartaisle.io

Smart Aisle hilft direkt am Regal bei der Entscheidung für das richtige Produkt.

3. Speaking Service Power im Kundensupport

Customer Conversations via Voice werden Alltag

Conversational Interfaces werden immer intelligenter eingesetzt: zum einen zur Serviceberatung über Apps oder Websites, zum anderen als Ergänzung von textbasierten Chats und visueller Kommunikation. Beim Conversational Commerce mit KI erhalten Kunden jederzeit Informationen und können so lange mit dem virtuellen Berater sprechen, wie sie möchten. Laut dem IT-Marktforschungsunternehmen Gartner werden bis 2020 über 50 Prozent der mittleren und großen Unternehmen Produkt-Chatbots einsetzen (Goasduff 2018). Das wichtigste Erfolgskriterium im Wettbewerb um die Nähe zum Kunden wird die Sprachqualität der Assistenten sein. Denn nur wenn die Interaktion mit den Maschinen reibungslos funktioniert, können sie die angefragten Informationen liefern, Wartezeiten reduzieren und menschliche Mitarbeiter entlasten. Die I/O-Konferenz von Google im Mai 2018 zeigte, wie weit die Sprach-Interfaces sich in wenigen Jahren weiterentwickelt haben: Dort wurde live aufgezeigt, wie Google Assistant ein reales und realistisches Gespräch mit einem Menschen führt. Die Person am anderen Ende der Leitung hatte keine Ahnung, dass sie sich gerade mit einer Maschine unterhielt. Neben der Nutzung von Chatbots und digitalen Sprachassistenten im Handel wird es künftig wichtig sein, dass Retailer ihre Online-Auftritte auf Voice Search hin optimieren. Laut Google werden bereits heute 20 Prozent aller Suchanfragen über Sprache getätigt.

Linderung per Spracherkennung

BEST PRACTICE: **AMAZON**

Amazon baut die Fähigkeiten der hauseigenen smarten Assistentin Alexa weiter aus: Das Unternehmen hat ein Patent zur Spracherkennung von Stimmungen und Gesundheitszuständen angemeldet. Nimmt Alexa Husten oder Räuspern wahr, schlägt sie etwa Hustenpastillen vor und bestellt diese auf Wunsch gleich bei Amazon. Die analysierten körperlichen und seelischen Zustände sollen für Kaufempfehlungen genutzt werden. Ob sich das System in Europa datenschutzrechtlich durchsetzen wird, bleibt abzuwarten.

amazon.de

Margot hilft beim Weineinkauf

BEST PRACTICE: **LIDL**

Wer kennt nicht die Überforderung beim Weineinkauf angesichts der immensen Auswahl am Regal? Bei Lidl ist damit Schluss: Der Chatbot Margot kennt alle verfügbaren Flaschen und die dazugehörigen Fakten. Basierend darauf schlägt das Programm Kunden den passenden Tropfen zum bevorstehenden Anlass oder Essen vor. Verknüpft – und somit breit zugänglich – ist der Bot mit dem Facebook Messenger. Und falls Margot doch mal nicht weiterweiß, verweist die KI auf einen menschlichen Mitarbeiter.

lidl.co.uk

4. Everywhere Delivery

Neue Möglichkeiten für den ländlichen Raum

Schon heute gilt die Logistik als eine der am höchsten automatisierten Branchen (McKinsey 2017). Per Drohne, autonomen Fahrzeug, Roboter oder Rad, die Logistikbranche verzeichnet ein starkes Wachstum und einen hohen Innovationsdruck (vgl. auch Kapitel „Logistik“ im Retail Report 2016, S. 60ff. und Kapitel „Dash Delivery“ im Retail Report 2018, S. 18ff.). Durch intelligente Bestellprozesse und eine schnelle Abfertigung in nahen Logistikzentren schafft der Handel heute optimierte Warenlieferungen für die letzte Meile. Doch wie ermöglicht man Vielfalt und Produktauswahl in eher schlecht erschlossenen Gegenden? Mit dieser Frage beschäftigt sich die Forschung bereits heute, und smarte Systeme schaffen neue Zugänge.

Digitales Dorf

BEST PRACTICE: **FRAUNHOFER-INSTITUT UND STEINWALD-ALLIANZ**

Das Fraunhofer-Institut hat zusammen mit dem Kommunalen Zweckverband Steinwald-Allianz in Bayern einen mobilen Tante-Emma-Laden entwickelt, der die ländliche Nahversorgung revolutionieren und Erzeuger und Konsumenten näher zusammenbringen soll. Der Lkw fährt Dorf um Dorf an – der aktuelle Standort soll für Kunden jederzeit via App ersichtlich sein. Künftig werden smarte Algorithmen im Hintergrund Bestellungen, Zahlungen und Warenbedarf koordinieren. Und: Neben dem Einkaufen kann auch gleich Geld abgehoben werden. Der mobile Dorfladen ist das erste sichtbare Ergebnis des Projektes „digitales Dorf“ und nutzt das Potenzial der Digitalisierung effektiv für die Nahversorgung im ländlichen Raum.

scs.fraunhofer.de; steinwald-allianz.de

In der Oberpfalz hilft der mobile Dorfladen – entwickelt vom Fraunhofer-Institut und der Steinwald-Allianz – bei der Versorgung im ländlichen Raum.
Foto: Steinwald-Allianz

Steinwald-Allianz
Produkte aus Ihrer Region
im mobilen Dorfladen
1
2
3
Digitales Dorf
MAN

5. Hyperpersonalisiertes und standortbasiertes Retail-Marketing

Die Hyperpersonalisierung von Angeboten ist schon lange ein Thema im Marketing. „No Data, no Service" lautet die selbstbewusste Parole. Doch bislang ließen die Ergebnisse häufig zu wünschen übrig. Der Kunde bekam noch immer Angebote für unpassende oder längst erworbene Produkte. Oder die Vorschläge waren auf ein ganz spezifisches oder temporäres Interessengebiet des Nutzers reduziert und somit schnell uninteressant. „Kunden mit dem richtigen Inhalt auf dem passenden Kanal zum besten Zeitpunkt anzusprechen ist heute eine Basisaufgabe", ist Bernd Wagner, Area Vice President Salesforce Marketing Cloud, überzeugt (Jansen 2018). Hyperpersonalisierte Angebote sind starke Umsatztreiber im Online-Handel: „So sind jene sechs Prozent der Shop-Aufrufe, in denen Kunden KI-basierte Produktempfehlungen angezeigt werden, für 37 Prozent des Umsatzes verantwortlich. Zudem führen personalisierte Einkaufserlebnisse zu 4,5-mal mehr Warenkörben" (Fritsche 2019). Denkt man die Potenziale der Personalisierung von Werbung mit den neuen Möglichkeiten smarter Fabriken zusammen, die mit Losgröße eins eigenständig individuell vom Kunden konfigurierte Produkte herstellen und (teil-)autonom ausliefern können, wird klar: KI wird zu einem grundsätzlich neuen Verhältnis von Kunde und Produkt sowie somit zu einem neuen Verständnis des Marketings führen.

Doch auch für stationäre Händler bietet KI neue Möglichkeiten im Marketing. So kann KI bei der Suche nach dem geeigneten Standort unterstützen, indem sie Faktoren wie die Kaufkraft vor Ort, Passantenfrequenzen, lokale Wettbewerber u.v.m. miteinbezieht. Zudem können beispielsweise Kundenströme, Wetterdaten und Verkehrsdaten gemessen werden, um das Marketing zielgruppenspezifisch auszusteuern und dementsprechend Angebote in Echtzeit (z.B. via Push-Nachrichten aufs Smartphone der Kunden) zu liefern.

Persönlicher durch Technologie

BEST PRACTICE: NETRA, PERSONALI

Zeige mir, was du likest, und ich zeige dir das passende Produkt: Das KI-System Netra analysiert Bilder auf Social Media, um die potenziellen Käufer besser zu verstehen – und dann exakt zugeschnittene Angebote zu machen (Kaput 2018). Die KI Personali dagegen entwickelt basierend auf bisherigen Käufen individuelle Anreize in Online-Shops, um den Umsatz zu steigern.

personali.com, netra.io

Rezepte passend zum Lebensstil

BEST PRACTICE: KNORR

Die Kampagne „Eat your Feed" von Knorr schlägt Usern Rezepte vor, die sich aus ihren Instagram-Feeds ergeben. Dabei stützt sich die Technologie auf Machine Learning und KI. Bei den empfohlenen Rezepten geht es nicht nur um den persönlichen Geschmack, auch Reiseziele und -wünsche, sportliche Aktivitäten und soziales Leben werden in die Vorschläge miteingerechnet.

eatyourfeed.knorr.com

Fazit

Algorithmic Retail

1 Künstliche Intelligenz ist bereits im Handel angekommen – in der Analyse von Kundendaten, im dynamischen Preismanagement, beim smarten Bestellen und Bedarfsmanagement, in der Lagerlogistik und in der Distribution wird KI bald nicht mehr wegzudenken sein.

2 KI durchzieht sämtliche Prozesse im Handel – von der Beschaffung bis zum Verkauf. KI wird immer bessere Vorschläge machen können, welche Produkte dem Warenkorb noch fehlen oder welche Lieferroute die effizienteste ist.

3 Jedoch ist Algorithmic Retail kein Heilsbringer. Das optimale Erlebnis für den Kunden – und das zählt nicht nur im stationären Handel – wird nicht alleine durch KI erreicht, sondern durch das kluge Zusammenspiel von menschlicher und maschineller Intelligenz.

4 Menschen und ihr Kaufverhalten sind nur begrenzt berechenbar. So kann keine KI einen Händler ersetzen, der sein Handwerk in Kuratierung und Beratung beherrscht. Was KI jedoch kann, ist durch Automatisierung, Effizienzsteigerung und Personalisierung wieder mehr Freiraum für ebendiese menschlichen Kompetenzen zu schaffen.

Alle Themen und Trends der Retail Reports im Überblick

2016

Die erste Ausgabe des Retail Reports beschreibt die Auswirkungen der langfristigen Entwicklungen Digitalisierung, Nachhaltigkeit und Individualisierung auf den Einzelhandel.

Retail-Trends 2016

Budget Retail	Discount als Lifestyle
Open Commerce	Hyperpersonalisierung durch Big Data
AuthentiCity	Der Store als Spiegelbild der Stadt
Local Commerce	Klicks für die Region
Streetmarkets	Renaissance der Straßenmärkte und Markthallen

Retail-Zahlen

Handelslandschaft Deutschland
Retail im Wandel
Online & Offline & Omni
Fokus: Fashion

Branchen-Insights

Logistik	Letzte-Meile-Zustellung Green Logistics
Fashion	Social Fairness Made to Measure Fashion Tech

Themenschwerpunkte

Handelsmarketing	Point of Situation Lifestyle-Services

2017

Wie kann der Handel berührende Begegnungen schaffen? Emotionale Erlebnisse werden zum Dreh- und Angelpunkt: es geht um einzigartige Produkte und besondere Orte. Drei Szenarien zeigen, wie Innenstädte attraktiv gestaltet werden können.

Retail-Trends 2017

Retail Disruption	Die zweite digitale Revolution
Streaming Retai	Updaten statt neu kaufen
Blue Commerce	Von der Schuld-Ökologie zur genussvollen Nachhaltigkeit
Hobby Professionals	Handel als Selbstverwirklichung
Chatvertising	Mit dem Kunden plaudern

Retail-Zahlen

Handelslandschaft Deutschland
Retail in der Innenstadt
Omni-Security
Mode-Bewusstsein

Branchen-Insights

Luxus	Die Rebellion der neuen Luxusmärkte

Themenschwerpunkte

Omni-Security	Sicherheit in Zeiten des Omni-Channel-Retail
Zukunft der Innenstadt	Urbane Handelslandschaften zwischen Tristesse und Glamour

2018

Der Retail Report 2018 regt dazu an, über die Technologisierung hinaus zu denken und sich einen Handel vorzustellen, der von Raum und Zeit entkoppelt ist. Dann kann der Mensch wieder in den Mittelpunkt rücken.

Retail-Trends 2018

Retail Recruiting	Talentmanagement von morgen
Dash Delivery	Mut zur neuen letzten Meile
RoboRetail	Intelligente Technologie am PoS
Voice Commerce	Digitale Sprachassistenten verändern das Shopping

Retail-Zahlen

Handelslandschaften Europa
Retail Tech
Shopping Center
Lebensmitteleinzelhandel

Branchen-Insights

Lebensmitteleinzelhandel	Trading Up für mehr Qualität, Service und Frische

Themenschwerpunkte

Human Retail	Vom Access Age zum Human Age
Zukunft der Shopping-Center	Lifestyle Hubs statt Konsumtempel

2020

Die Devise des kommenden Jahrzehnts lautet: Cooperate or Die! Der Handel der Zukunft muss als Ökosystem verstanden werden. Nur gemeinsam können die Ansprüche der Konsumenten nach Erlebnis und Service erfüllt werden.

Retail-Trends 2020

Instant Shopping	Die Ära der ungeduldigen Konsumenten
Playful Stores	Experience pro Quadratmeter
Event-Shopping	Boom der Schnäppchentage
ImmoTail	Vom Händler zum Immobilienentwickler
Cashfree Retail	Bezahlen im Vorbeigehen

Retail-Zahlen

Handelslandschaft Deutschland
Handel in China
E-Commerce
Künstliche Intelligenz

Branchen-Insights

Age of Ecosystems	Smarte Kooperationen sind die Zukunftsmodelle des Handels

Themenschwerpunkte

Gen Z	Die junge Generation fordert neue Werte
Algorithmic Retail	Wie Künstliche Intelligenz die Handelswelt verändert

Quellenverzeichnis

Accenture (2017): Generation Z to Switch the Majority of Purchases to Retailers That Provide the Newest Digital Tools and Channels, Accenture Research Reveals. In: newsroom.accenture.com, 7.3.2017

Albert, Mathias/Hurrelmann, Klaus/Quenzel, Gudrun (2015): 17. Shell Jugendstudie. Jugend 2015. Frankfurt am Main

Beul, Miriam (2018): Die Zukunft des Handels ist phigital. In: autobahn, 2.10.2018

Binder, Evelyn (2018): Rewe macht auch in Immobilien. In: FR.de, 10.4.2018

Biron, Bethany (2018): Why Amazon is struggling to reach Gen Z. In: glossy.co, 2.4.2018

Bitkom (2019a): Safer Internet Day 2019 – Verbraucher und Digitales Bezahlen. In: bitkom.org, 29.1.2019

Bitkom (2019b): Jeder Zweite würde per Iris-Scan Zahlungen bestätigen. In: bitkom.org, 25.2.2019

Bremer, Corinna (2018): Beim Straßenhändler per App bezahlen: So wurde Chinas Wirtschaft nahezu bargeldlos. In: financefwd.com, 9.10.2018

Brennan, Tom (2017): Alipay launches 'Smile To Pay' for commercial use in China. In: alizila.com, 1.9.2017

Breyton, Ricarda (2019): „Die Jugendlichen missachten Vorgaben – aus Kalkül". Interview mit Klaus Hurrelmann. In: welt.de, 25.1.2019

Briscoe, Gerard/Wilde, Philippe de (2009): Digital ecosystems: self-organisation of evolving agent populations. In: MEDES '09: Proceedings of the International Conference on Management of Emergent Digital EcoSystems. New York, Artikel 7, S. 44–48. http://dx.doi.org/10.1145/1643823.1643832

Capgemini (2018): BUILDING THE RETAIL SUPERSTAR: How unleashing AI across functions

Cook, James (2018): Amazon patents new Alexa feature that knows when you're ill and offers you medicine. In: telegraph.co.uk, 9.10.2018

Dastin, Jeffrey (2018): Exclusive: Amazon targets airports for check-out-free store expansion. In: reuters.com, 7.12.2018

Dick, Jon (2018): Live Chat Exposes a Fatal Flaw in Your Go-to-Market. In: blog.hubspot.com, 21.6.2018, aktualisiert 18.12.2018

Dittmer, Marco (2018): Händler im Schweriner Umland sehen nicht schwarz. In: svz.de, 22.11.2018

dpa (2017): Online-Handel lässt immer mehr kleine Läden sterben. In: sueddeutsche.de, 6.4.2017

dpa (2018): „Wir leben nicht davon, Filialen zu schließen". In: wiwo.de, 2.12.2018

eBay/ECC Köln (2017): Konjunkturumfrage unter Onlinemarktplatzhändlern. Herbst 2017

eBay/ECC Köln (2018): Konjunkturumfrage unter Onlinemarktplatzhändlern. Herbst 2018

EHI Retail Institute (2017): EHI-Whitepaper. Travel Retail 2017

EHI Retail Institute (Hg.) (2019): EHI-Whitepaper Smart Store. Teil 2

Elkouby, Elodie (2016): Impatience: the new consumer mindset? In: morganphilipsexecutivesearch.com, 6.7.2016

Essling, Ian (2018): Online Holiday Retail Shopping Moves Beyond the Big Two – But Cyber Monday Still Maintains its Title as Biggest Spending Day. In: comscore.com, 29.11.2018

Eurostat (2019): Arbeitslosenquote im Euroraum bei 7,8%. In: ec.europa.eu, 1.3.2019

Firlus-Emmrich, Thorsten (2018): Augen auf beim Schnäppchenkauf. In: wiwo.de, 19.11.2018

Freutel, Aziza (2019): Verbraucher waren 2018 seltener Bekleidung kaufen. In: textilwirtschaft.de, 10.1.2019

Fritsche, Sabrina (2019): „KI ist in den Handelsunternehmen angekommen" – Interview mit Bernd Wagner von Salesforce. In: ifhkoeln.de, 8.3.2019

Gerth, Steffen (2018): Warum „Ankes Trachtengalerie" keine Künstliche Intelligenz braucht. In: etailment.de, 16.11.2018

Goasduff, Laurence (2018): Chatbots Will Appeal to Modern Workers. In: gartner.com, 28.3.2018

Google (2018): The Impatient Consumer: Making decisions faster than ever. In: thinkwithgoogle.com, Juli 2018

Hahn Gruppe (Hg.) (2018): Retail Real Estate Report Germany 2018/2019

Heeg, Thiemo (2018): Otto verkauft sein KI-Unternehmen Blue Yonder. In: faz.net, 2.7.2018

Hegemann, Lisa (2018): Kann man bei Ihnen auch mit Smartphone zahlen? In: zeit.de, 26.6.2018

Hoffmann, Maren (2018): Wie Amazon und Co. Milliardenumsätze mit erfundenen Feiertagen generieren. In: manager-magazin.de, 23.11.2018

Hudetz, Kai (2016): Warum 90 % der Online-Pure-Player vom Markt verschwinden werden. In: ifhkoeln.de, 23.3.2016

IFAK/ Ipsos/ GfK Media and Communication Research (2018): Verbrauchs- und Medienanalyse – VuMA 2019

ifes Institut für Empirie und Statistik (2018): FOM Weihnachtsumfrage 2018. Ergebnisse für Deutschland – Einkaufsverhalten in Bezug auf Weihnachtsgeschenke. In: fom-ifes.de

Ingenico (2018): Marktplätze vs. Spezialisten: Am Black Friday liefern sich Händler in ganz Europa einen Online-Kampf. In: Ingenico.de, 20.11.2018

Insight DIY Team (2019): IKEA Considering Launch of Online Furniture Marketplace. In: insightdiy.co.uk, 14.2.2019

Ipsos (2018): 益普索重磅 | 2018第三季度第三方移动支付用户研究报告. In: ipsos.com, 30.10.2018

Jansen, Jonas (2018): Warum sich die Werbung immer stärker personalisiert. In: faz.net, 16.9.2018

JWT Intelligence: Gen Z Goes Beyond Gender Binaries in New Innovation Group Data. 11.3.2016

Kaput, Mike (2018): 4 Ways to Use Artificial Intelligence for Lead Generation, Qualification, and Conversion. In: marketingaiinstitute.com, 28.9.2018

Kats, Rimma (2018): The Mobile Payments Series: China. In: emarketer.com, 7.11.2018

Keudell, Stephanie von (2018): Interview: „Wohnen überm Supermarkt“: Die Immobilienvisionen von REWE, Lidl & Co. In: blog.exporeal.net, 10.7.2018

Kim, Eugene (2018): Jeff Bezos to employees: 'One day, Amazon will fail' but our job is to delay it as long as possible. In: cnbc.com, 15.11.2018

Kolf, Florian/Scheuer, Stephan (2019): Händler und Tech-Konzerne greifen Amazon mit den eigenen Waffen an. In: handelsblatt.de, 27.2.2019

Kühn, Iki/Schalk, Marion (2019): Mobile Payment - von China lernen heißt kassieren lernen. In: etailment.de, 17.1.2019

Laughlin, Shepherd (2016): 56% of US Gen Zers know someone who uses gender-neutral pronouns, according to the new study. In: jwtintelligence.com, 11.3.2016

Mara, Martina (2016): Die Anthropomorphismus-Falle. In: zukunftsinstitut.de, 09/2016

Marketplace Pulse (2019): Number of Sellers on Amazon Marketplace. In: marketplacepulse.com, 22.3.2019

Mattauch, Christine (2019): Allianz der Fachhändler: Verkaufen im Schwarm – lohnend, aber tückisch. In: absatzwirtschaft.de, 21.3.2019

McKinsey (2018): Black Friday: Drei von vier Deutschen planen einen Einkauf. In: mckinsey.de, 23.11.2018

McKinsey (Hg) (2017): Smartening up with Artificial Intelligence (AI) – What's in it for Germany and its Industrial Sector? In: mckinsey.com

Mo Hong'e (2019): China's first facial recognition payment-based shopping street opens in Wenzhou. In: ecns.cn, 17.1.2019

NRF (2018): 2018/2019 Winter Consumer View. In: nrf.com/consumerview

Obertreis, Sarah (2018): Wohnen auf Supermärkten. In: FAZ.net, 4.12.2018

OC&C (2019): A generation without borders. Embracing Generation Z. In: occstrategy.com

Oliver Wyman (2017): Einzelhandel 2017: Jahr der Weichenstellungen. In: oliverwyman.de, 6.2.2017

Petro, Greg (2018): Gen Z: New Gender Norms, Fake News, Frugality And The Rise Of Retail's Next Power Generation. In: forbes.com, 14.10.2018

Preißler, Steffen (2018): Wie das Bezahlen künftig schneller gehen soll. In: abendblatt.de, 26.7.2018

Preuss, Simone (2018): Alibaba übertrifft eigenen Rekord beim Singles Day. In: fashionunited.de, 12.11.2018

PSFK (2017): The Future of Retail 2018. A Unified Channel Strategy To Drive Brick & Data Retail

PwC (2018): Handel im Wandel. In: pwc.de

PWC (2018): Kunden akzeptieren dynamische Preise unter bestimmten Voraussetzungen. In: pwc.de, 21.12.2018

Reimann, Erich/dpa (2018): Studie: Online-Marktplätze lokaler Händler sind unzureichend. In: heise.de, 2.2.2018

Rewe Group (2018): Expo Real 2018: REWE Group expandiert weiter. In: rewe-group.com, 8.10.2018

RichRelevance (2018): Creepy Or Cool 2018: Richrelevance Study Finds 80% Of Consumers Demand Artificial Intelligence (AI) Transparency. In: richrelevance.com, 20.6.2018

Saal, Marco (2019): So shoppen die jungen Verbraucher. In: horizont.net, 7.3.2019

Sanz Grossón, Ulrike (2018): Warum es die Onlinehändler in die Städte drängt. In: etailment.de, 11.7.2018

Schneider, Katharina; Atzler, Elisabeth; Hua, Sha; Weddeling, Britta; Steuer, Helmut (2018): Das Ende des Bargelds – Wie Bezahldienste unsere Welt verändern. In: handelsblatt.com, 23.11.2018

Segran, Elizabeth (2016): Your Guide To Generation Z: The Frugal, Brand-Wary, Determined Anti-Millennials. In: fastcompany.com, 9.8.2016

Senatsverwaltung für Stadtentwicklung und Wohnen (Hg.) (2017): Supermarktgipfel: Expertenhearing zum Wohnungsbau über Lebensmittelmärkten. In: stadtentwicklung.berlin.de

Simon-Kucher & Partners (2018): Black Friday 2018: Das Kaufinteresse nimmt ab. In: simon-kucher.com, 21.11.2018

Solis, Brian (2017): Impatience is a Virtue: How the On-Demand Economy is Making Mobile Consumers Impatient. In: forbes.com, 20.11.2017

Verbraucherzentrale Brandenburg (Hg.) (2018): Dynamische Preisdifferenzierung im Deutschen Online-Handel. In: verbraucherzentrale-brandenburg.de

Williams, Alex (2017): The Hermès of Marijuana. In: nytimes.com, 17.3.2017

Yes Marketing (2017): A Marketer's Guide to Reaching Each Consumer Generation. In: yesmarketing.com

Zha, Weixin (2018): Zalando gewinnt mehr stationäre Händler für Kooperation. In: fashionunited.de, 6.6.2018

Zukunftsinstitut (Hg.) (2008): Social Commerce. Verkaufen im Community-Zeitalter. Kelkheim

Zukunftsinstitut (Hg.) (2009): Sales Design. Vom Point-of-Sale zum Point-of-Interest. Trendbasiertes Marketing für Einzelhändler, Shopbetreiber, Gastronomen und B2C-Dienstleister. Kelkheim

Zukunftsinstitut (Hg.) (2015): Immobilien Report 2016. Frankfurt am Main

Zukunftsinstitut (Hg.) (2015): Retail Report 2016. Frankfurt am Main

Zukunftsinstitut (Hg.) (2016): Retail Report 2017. Frankfurt am Main

Zukunftsinstitut (Hg.) (2017): Retail Report 2018. Frankfurt am Main

Zukunftsinstitut (Hg.) (2018): Futopolis. Stadt, Land, Zukunft. Frankfurt am Main

Zukunftsinstitut (Hg.) (2019): Future Products. 91 Innovationen, die zeigen, welche Produkte in Zukunft erfolgreich sein werden. Frankfurt am Main zukunftsInstitut